EUCARISTÍA, SACRAMENTO DE VIDA NUEVA

COMITÉ PARA EL JUBILEO
DEL AÑO 2000

EUCARISTÍA, SACRAMENTO DE VIDA NUEVA

PRESENTACIÓN DEL

Cardenal ROGER ETCHEGARAY

PRESIDENTE DEL COMITÉ PARA EL JUBILEO
DEL AÑO 2000

BIBLIOTECA DE AUTORES CRISTIANOS
MADRID • MCMXCIX

Título de la edición original de la Comisión Teológico-Histórica del Comité para el Jubileo del Año 2000: *«Eucaristia, sacramento di vita nuova»*.

Traducción de CELINA MARCOS.

Portada: *Trinidad,* acrílico de Goyo Domínguez, 1998.

Diseño: Estudio A2.

Don Ramón de la Cruz, 57, Madrid 1999.
Depósito legal: M. 34.311-1999
ISBN: 84-7914-436-7
Impreso en España. Printed in Spain.

ÍNDICE GENERAL

PRESENTACIÓN

SON ya veinte siglos en los que los cristianos, por todas las latitudes, en ritos diferentes, celebran lo que Jesús encomendó a sus Apóstoles en la noche de la Cena: «Haced esto en conmemoración mía» y, con esta práctica, han tenido la convicción de encarnar la totalidad de su fe. Son ya veinte siglos en los que, al celebrar la Eucaristía, los cristianos tratan de comprenderla sin llegar nunca hasta el final. Este don de Jesús es una riqueza que jamás se acaba de escrutar. Misterio con mil facetas y múltiples definiciones: comida, sacrificio, memorial, misa, todos estos nombres corresponden al don que nos ha dado Jesús pero ninguno de ellos agota su sentido... El mismo Jesús no puso nombre al don que nos ha dado. Él ha realizado gestos acompañados de palabras, y el gesto más sencillo, por el que los discípulos de Emaús han reconocido al Resucitado, ha sido el de «la fracción del pan». Él mismo, en su Evangelio, se había identificado con el pan: «Yo soy el pan vivo bajado del cielo. Quien come de este pan vivirá para siempre» (Jn 6,51).

El Papa ha pedido que el Año Jubilar sea «intensamente eucarístico» (TMA 55). El Congreso Eucarístico Internacional que se celebrará en Roma del 18 al 25 de junio del año 2000, ha tomado como tema central de reflexión: «Jesucristo, único Salvador del mundo, Pan para una vida nueva».

Más que nunca, un mundo desencantado tiene necesidad de saber que Jesucristo es su único Salvador. Más que nunca, un mundo acuciado por el hambre tiene necesidad de saber que el pan que sólo puede saciarlo es un pan que da una vida nueva. Cada Eucaristía revela el alba de Pascua, de aquella mañana nueva de todo, en la que un sepulcro vacío ha llegado a ser la cuna de una nueva humanidad. La Eucaristía es un pan que da hambre: es un pan que abre, al mismo tiempo que colma, el hambre de Dios, porque estimula el apetito por una vida nueva, la vida de Dios en nosotros.

Un filósofo francés, Gabriel Marcel, ha escrito: «Amar a alguien es decirle: tú no morirás». Esto es lo que nos ha dicho a cada uno de nosotros Aquel que ha vencido a la muerte instituyendo la Eucaristía: Sois dichosos, júbilo en el corazón de la Eucaristía, tú no morirás, mejor, un mundo nuevo se abre delante de ti, el Reino de los Cielos está cerca, está ya aquí.

Card. ROGER ETCHEGARAY

SIGLAS Y ABREVIATURAS

AAS	*Acta Apostolicae Sedis* (Ciudad del Vaticano).
CCE	*Catechismus Catholicae Ecclesiae* (1997).
DS	H. DENZINGER-A. SCHÖNMETZER, *Enchiridion symbolorum, definitionum et declarationum de rebus fidei et morum* (Freiburg in Br. 1965).
DTC	*Dictionnaire de Théologie Catholique* (París 1909ss).
DV	*Dei Verbum,* Constitución dogmática del Concilio Vaticano II sobre la divina Revelación (1965).
IM	*Incarnationis mysterium:* Bula de convocación del Gran Jubileo del Año 2000, del Papa Juan Pablo II (1998).
LG	*Lumen gentium:* Constitución dogmática del Concilio Vaticano II sobre la Iglesia (1964).
Mansi	*Sacrorum Conciliorum nova et amplissima Collectio* (Florentiae-Ven. 1759-1798; Paris.-Lond. 1899-1927).
MC	*Marialis cultus:* Exhortación Apostólica del Papa Pablo VI sobre el culto a la Bienaventurada Virgen María (1974).
OE	*Orientalium ecclesiarum:* Decreto del Concilio Vaticano II sobre las Iglesias orientales católicas (1964).
PG	*Patrologia Graeca* (J. P. Migne).
PL	*Patrologia Latina* (J. P. Migne).
RMa	*Redemptoris Mater:* Carta Encíclica del Papa Juan Pablo II sobre la Bienaventurada Virgen María en la vida de la Iglesia (1987).
SC	*Sacrosanctum Concilium:* Constitución del Concilio Vaticano II sobre la Liturgia (1963).
TMA	*Tertio millennio adveniente:* Carta Apostólica del Papa Juan Pablo II para la preparación del Jubileo del Año 2000 (1994).
UR	*Unitatis redintegratio:* Decreto del Concilio Vaticano II sobre el ecumenismo (1964).

EUCARISTÍA, SACRAMENTO DE VIDA NUEVA

INTRODUCCIÓN

La Iglesia está a punto de cruzar el umbral del año 2000 celebrando el don que ha recibido del Salvador con la Eucaristía. En este momento solemnísimo de la historia de la humanidad, podemos ponernos mejor ante la persona del «Verbo hecho carne», remontándonos con fidelidad a lo que Cristo confió a sus discípulos durante la Última Cena: «Haced esto en conmemoración mía».

Es verdad que no han transcurrido todavía dos mil años desde que estas palabras fueron pronunciadas. Probablemente, la Eucaristía fue instituida el 6 de abril del año 30, desde el momento en que, según los cálculos mejor fundamentados, Jesús murió al día siguiente, el 7 de abril. Había nacido más de treinta años antes, pero de aquella fecha no conocemos con certeza el día ni el año.

Sin embargo, ¿cómo festejar el aniversario de la entrada del Hijo de Dios en el mundo sin conmemorar de forma particular la Eucaristía, a través de la cual, en cierta manera, su entrada en nuestro universo se renueva continuamente? El modo mejor de resituarnos ante la persona del «Verbo hecho carne» es precisamente el de volver al momento decisivo en el que Aquel que nos ha amado manifestó hasta el final su amor, dándose a la humanidad en la Eucaristía.

Como Jesús mismo ha querido que su memoria se perpetuase junto a nosotros, no a través de un simple recuerdo sino por medio de un memorial, que consiste en la celebración de la Eucaristía, él se espera por parte de nosotros este homenaje eucarístico en la ocasión del Jubileo. La Iglesia se prepara, por tanto, a este Jubileo, meditando en la Eucaristía, esforzándose por penetrar más profundamente en el misterio, por comprender mejor su sentido y su valor, por vivirlo con mayor fe y más amor. Es un buen modo no sólo para entrar en el año 2000 sino también para preparar todo el desarrollo futuro de la Iglesia, porque a través de la Eucaristía Cristo «viene» al mundo; con su venida se realiza la expansión de la comunidad fundada por él para reunir a toda la humanidad y compartir su vida divina.

La finalidad del presente volumen es la de contribuir a esta venida eucarística de Cristo con la esperanza de que crezca continuamente para una transformación cada vez más profunda del destino humano. El Jubileo, ha escrito el Papa en la *Tertio millennio adveniente,* será «intensamente eucarístico». La continuidad entre la Eucaristía y el misterio de la Encarnación es muy significativa. Como signo eficaz de la presencia viva y operante del Señor en medio de su Iglesia, la Eucaristía prolonga la Encarnación. En la Bula de convocatoria del Gran Jubileo, *Incarnationis mysterium,* Juan Pablo II lo afirma de manera clara: «Desde hace dos mil años, la Iglesia es la cuna en la que María coloca a Jesús y lo entrega a la adoración y contemplación de todos los pueblos. Que por la humildad de la Esposa brille todavía más la gloria y la fuerza de la Eucaristía, que ella celebra y conserva en su seno. En el signo del Pan y del Vino consagrados, Jesucristo resucitado y glorificado, luz de las gentes (cf. Lc 2,32), manifiesta la continuidad de su encarnación. Permanece vivo y verdadero en medio de nosotros para alimentar a los creyentes con su Cuerpo y con su Sangre» (IM 11).

CAPÍTULO I

VALOR E IMPORTANCIA DE LA EUCARISTÍA

I. LA INVENCIÓN DIVINA

La Eucaristía, que desarrolla un papel tan importante en la fe cristiana, es la más sorprendente invención divina. Es una invención en la que se manifiesta la genialidad de una sabiduría que es simultáneamente locura de amor. Admiramos la genialidad de muchos inventos humanos, en los que se reflejan cualidades excepcionales de inteligencia y de habilidad; las invenciones divinas se colocan en un nivel infinitamente superior, pero están destinadas a penetrar más profundamente en la existencia humana.

Toda la revelación de la obra de la salvación tiene un carácter sorprendente y la Eucaristía constituye la cumbre del misterio en el que, del modo más sencillo, el cumplimiento del designio divino ha superado con mucho toda posible esperanza. Ella procura a la humanidad, en el régimen de la fe, con un don definitivo que signará el camino de la Iglesia hasta el fin del mundo, lo que fue adquirido de una vez para siempre por la obra redentora.

La Eucaristía no es simplemente uno de los sacramentos. Pertenece, ciertamente, a la economía sacramental y no puede hacer sombra al valor del Bautismo, de la Confirmación y del perdón sacramental. Sin embargo posee una excelencia única, siendo el sacramento en el que no sólo nos es dada la gracia sino el autor mismo de la gracia. En ella la persona de Cristo se manifiesta del modo más inmediato y actual.

¿Cómo no ser sorprendidos por las palabras: «Esto es mi cuerpo», «Éste es el cáliz de mi sangre»? ¿Cómo no admirar el camino elegido por una sabiduría soberana para ofrecer una presencia de carne y de sangre que según nuestro modo de pensar no habría podido ser más que el recuerdo de un pasado ya transcurrido? Allí donde nosotros no podemos ver más que pan y vino, estamos colocados, en cambio, ante la afirmación de esta presencia. ¿Cómo no asombrarse del hecho de que Aquel que es Dios se ofrezca como alimento y bebida a quienes son sus mismas criaturas? Por su parte, es tal abajamiento y tan gran humildad que nos confunden. Él, que es el Señor, se pone enteramente a nuestra disposición, a nuestro servicio. ¿Cómo no preguntarnos por qué Aquel que consumó su sacrificio en la cruz y lo concluyó con el triunfo de su resurrección, ha querido que su ofrecimiento se repitiese sin límites de tiempo en la celebración eucarística? Si el ofrecimiento del Calvario era ampliamente suficiente para obtener la salvación y la gracia para todos los hombres, ¿por qué debía buscar una nueva presencia en la asamblea cristiana?

Para todos estos motivos de asombro y para todas estas preguntas, hay una sola respuesta: en la Eucaristía todo deriva de un amor extremo. Todo desciende de una voluntad de don ilimitada. El amor divino, para favorecer a los hombres y garantizarles el destino más alto, se ha hecho inventivo de forma insuperable en los gestos y en las palabras de Jesús, que han instituido la Eucaristía durante la Última Cena. Como nuestra sorpresa es grande, debemos hacer continuamente un esfuerzo para comprender mejor las intenciones de este amor.

La profundización de la fe es siempre necesaria; se trata de escrutar en la vida y en la enseñanza de Jesús, y también en la doctrina de la Iglesia, el significado fundamental de la Eucaristía.

Se trata, también, de aceptar la confirmación del valor de la doctrina a través de la experiencia de la vida cristiana, experiencia de toda la Iglesia y de cada individuo. La Eucaristía desarrolla un papel esencial en el crecimiento de la comunidad cristiana. Ella nutre continuamente, con el alimento de comunión, a quienes son llamados a dar testimonio de Cristo y de su buena noticia en el mundo. Ella proporciona la fuerza a aquellos que se sienten débiles y la alegría a quienes están sufriendo. Ella anima con la embriaguez espiritual, con vistas a un compromiso apostólico, a aquellos que pudieran estar tentados de encerrarse en sí mismos. Así demuestra que el intenso amor divino que en ella se expresa obtiene su finalidad de transformación de la vida humana. La invención divina es fecunda.

II. LA EUCARISTÍA Y LA OBRA DE LA SALVACIÓN

1. **Eucaristía y Encarnación**

La Eucaristía nos permite acoger más concretamente el significado y el valor de la Encarnación. La presencia del cuerpo y de la sangre de Cristo, proclamada por las palabras de la consagración y celebrada como «misterio de la fe», nos remonta a la realidad misma de la Encarnación, realidad asumida por el Hijo de Dios como propia realidad humana. El gesto con el que Aquel que era Dios ha descendido del cielo para ser hombre y llevar una vida humana semejante a la nuestra se reproduce en la Eucaristía. Cuando son pronunciadas las palabras «Esto es mi cuerpo», «Éste es el cáliz de mi sangre», el Hijo de Dios, en cuyo nombre son pronunciadas estas palabras, se hace presente sobre la tierra en la carne que había recibido, en un tiempo, de su madre, la Virgen María. La Eucaristía confiere una nueva actualidad a la Encarnación.

La unión entre Encarnación y Eucaristía aparece de forma particular en el Evangelio de san Juan. El prólogo de su Evangelio nos presenta al Verbo que se ha hecho carne (1,14); sucesivamente, el evangelista, en el discurso del anuncio de la Eucaristía, nos trae las palabras de Jesús: «El pan que yo daré es mi carne para la vida del mundo» (6,51). El uso del término «carne», para significar la Encarnación, y después la Eucaristía, es característico. Parece que «carne», término propiamente semítico, fue el usado por Jesús durante la Última Cena; enseguida fue traducido al griego con el término «cuerpo». Los discípulos oyeron a Jesús afirmar: «Esto (es) mi carne». Es la carne la que está en el origen del término «encarnación» y sugiere una unión estrecha entre el misterio de la venida de Cristo a este mundo y el misterio de la Encarnación.

Cuando el Verbo descendió sobre la tierra «haciéndose carne», no tenía sólo la intención de llevar una vida semejante a la nuestra, sino también de ofrecer aquella carne para la vida del mundo; por tanto, la Encarnación encuentra su cumplimiento en la Eucaristía. La Eucaristía confiere a la Encarnación una capacidad que no podría tener el simple hecho de la venida de Cristo en el ámbito de su existencia terrena. Ella permite a la carne del Hijo de Dios irradiarse y llegar a todos aquellos que en su carne humana están llamados a compartir la filiación divina y a vivir como hijos del Padre. Ella ofrece en grado sumo la capacidad transformadora de la carne de Cristo, así como debe ser ejercitada en el desarrollo universal de la gracia en toda existencia humana.

Esto constituye una respuesta al sentimiento pesaroso que podría ser expresado por quienes comprenden el inmenso valor de la Encarnación y no han podido vivir aquel momento único en la historia de la humanidad. Aquellos que han nacido después de la muerte de Cristo no han tenido la fortuna de conocerlo. Jesús mismo ha llamado de manera particular la atención sobre la suerte de sus discípulos: «¡Dichosos vuestros ojos porque ven, y vuestros oídos porque oyen!» (Mt 13,16). Habríamos podido pensar que esta fortuna la han tenido solamente quienes vivieron en Palestina durante la vida terrena de Jesús. En cambio, la proclamación de esta bienaventuranza no excluye de hecho a quienes iban a vivir después de él. Está atribuida, más bien, a todos cuantos en el pasado habían esperado al Mesías y no habían podido conocerlo: «Muchos profetas y justos desearon ver lo que vosotros veis y no lo vieron, y oír lo que vosotros oís y no lo oyeron» (Mt 13,17).

Es verdad que quienes nacen después de Cristo no tienen el privilegio que tuvieron los apóstoles de vivir la presencia visible del Salvador; no pueden hacer la experiencia que fue la de un breve período de tiempo, de valor único en la historia, la experiencia de la vecindad humana del Hijo de Dios. Pero la experiencia sensible, que tenían los discípulos, contenía una experiencia espiritual: la fortuna no consistía sólo en ver a Jesús y sentirlo, sino en intuir en él al Hijo de Dios que apelaba a la fe. Los ojos que veían y los oídos que oían eran los de los creyentes que se habían adherido a él.

Esta bienaventuranza superior, en el plano de la fe, es ofrecida a todos cuantos reconocen en Cristo al

Hijo de Dios venido entre nosotros. Es ofrecida a través de la revelación del Evangelio, que hace comprender concretamente la verdad de la Encarnación. Pero, sobre todo, es ofrecida a través de la Eucaristía, en la que el misterio del Verbo hecho carne se manifiesta y conoce una actualidad siempre nueva. La Eucaristía permite a los creyentes acoger la presencia de Cristo como en un tiempo fueron invitados a hacer los contemporáneos de Jesús. Les procura la fortuna de ver, con los ojos de la fe, bajo un signo visible, el cuerpo y la sangre. Cuanto se refiere a la acogida espiritual de esta presencia, los cristianos de todos los tiempos reciben, a través de la Eucaristía, el mismo privilegio que fue ofrecido a los contemporáneos de Jesús. Ellos se benefician de la fortuna de la intimidad más profunda con el Hijo encarnado.

Refiriéndose a aquel pasaje del Evangelio de Mateo en el que se lee que los habitantes de Genesaret llevaron a Jesús a sus enfermos «y le rogaban poder tocar al menos la orla de su manto» (Mt 14,36), Juan Crisóstomo comenta: «Toquemos también nosotros la orla de su manto; aún más, si queremos, nosotros tenemos a Cristo todo entero. Su cuerpo, de hecho, está ahora delante de nosotros». Y prosigue: «Creed que también ahora está aquella mesa a la que Jesús se sentó» *(Homilía sobre el Evangelio de Mateo* 50,2, PG 58, c.507).

2. **Eucaristía y sacrificio redentor**

Como la Encarnación, la Eucaristía reproduce sacramentalmente la ofrenda redentora. Según la afirmación que hace san Juan (6,51), la carne de Cristo es «dada para la vida del mundo». No es dada al mundo sólo para hacer brotar en los creyentes una vida nueva, sino que sobre todo es dada para el mundo, es decir, ofrecida en sacrificio para obtener una vida nueva. Estando implicada en el sacrificio redentor, puede alimentar a la humanidad.

El recuerdo del sacrificio aparece más neto en las palabras de la consagración del vino: «Ésta es mi sangre, la sangre de la alianza, derramada por muchos» (Mc 14,24). «Por muchos» o «por la multitud» es la expresión semítica utilizada por Jesús: ésta afirma que su sacrificio es ofrecido por la humanidad; «muchos» puede ser entendido como sinónimo de «todos». La intención de procurar una vida nueva a la humanidad es la motivación de la venida del Salvador a la tierra y de la ofrenda culminada en el drama del Calvario. En la ocasión de la Última Cena, la finalidad de Jesús no consistía sólo en dar a los discípulos su carne como alimento y su sangre como bebida, sino en darse a ellos como fruto del sacrificio destinado a beneficiar a todos los hombres.

En cada celebración eucarística se renueva sacramentalmente este sacrificio. Las palabras de la consagración hacen revivir místicamente la ofrenda para que pueda beneficiar más ampliamente a la humanidad. Naturalmente, esta ofrenda no se realiza ya como en un tiempo, con el derramamiento de la sangre de Cristo; se realiza sólo a través de un rito sacramental. No obstante, permanece íntegra en su generosidad espiritual. Toda la ofrenda personal del Salvador, con la totalidad de su sacrificio, se expresa en la ofrenda eucarística.

Quienes toman parte en la Eucaristía están, por el mismo hecho, comprometidos en una ofrenda personal unida a la de Cristo. El espíritu de ofrenda, que caracterizó la vida terrena de Jesús y alcanzó su pleno desarrollo en el sacrificio, debe inspirar la vida de los cristianos. Mientras que los aspectos dolorosos de la vida humana podrían suscitar la tentación de ceder a un espíritu de lamentación o de rechazo, la Eucaristía suscita, en quienes participan en ella, un espíritu de ofrenda generosa. Cada celebración eucarística es celebración del gran «sí» dirigido por Cristo al Padre, «sí» que supera victoriosamente a todos los «no» inspirados por el pecado.

Es importante subrayar que la Eucaristía no se limita sólo a la ofrenda del sacrificio tal como se ha realizado en el Calvario, sino que conmemora simultáneamente el cumplimiento del sacrificio que se ha realizado en el misterio de la resurrección. Ella lleva en sí el misterio que es manantial de vida superior.

El cuerpo de Cristo, ofrecido en sacrificio en la Eucaristía, no es el cuerpo en el estado de vida terrena. Es el cuerpo que ya ha alcanzado el estado definitivo en la resurrección. En virtud de su poder de resucitado, el Salvador repite, por la mediación del sacerdote, su gesto de ofrenda en la Eucaristía. Cuando su cuerpo es dado como alimento y su sangre como bebida, se trata de su cuerpo y sangre animados por un poder vivificador que les pertenece después de la Resurrección y desde la Ascensión. Es la razón por la que la Eucaristía es celebrada en la alegría, aunque nos haga revivir la ofrenda dolorosa de la pasión de Cristo. Ella nos la hace revivir con su inevitable desembocadura en el triunfo de la resurrección. Antes que encerrarnos en el ámbito doloroso del sacrificio, nos hace participar, a través de la ofrenda misma del sacrificio, en la alegría de la victoria con que Cristo ha salido del sepulcro y ha venido a inflamar el corazón de los discípulos tristes por su muerte (cf. Lc 24,32).

Anunciando a los discípulos su participación en la prueba, Jesús les garantizó también el paso del dolor al gozo: «Vosotros, pues, ahora tenéis tristeza; pero de nuevo os veré, y se alegrará vuestro corazón, y nadie será capaz de quitaros vuestra alegría» (Jn 16,22). Con la presencia de Cristo resucitado, la Eucaristía demuestra el cumplimiento continuo de esta promesa del Evangelio. La Eucaristía exige implicarnos en el sacrificio para provocar mejor la alegría abundante y definitiva que proviene de la resurrección. Ella recuerda continuamente la verdad de que, junto con la participación en el sufrimiento redentor de Cristo, son ofrecidas también la participación en el triunfo sobre el mal y la comunicación de una felicidad más alta.

Así, la Eucaristía proporciona una respuesta a los «porqués» suscitados inevitablemente por los sufrimientos humanos. Ante las pruebas más dolorosas, pero también ante los dolores más leves, muchos están tentados de preguntarse el «porqué» con rebeldía. La Eucaristía responde, probándolo con la alegría que produce, que el sufrimiento no tiene la última palabra. El sufrimiento de la cruz no sólo nos vale para la salvación, sino que nos lleva también a la alegría. En todos los sufrimientos se encuentra la promesa de una alegría más grande, que hace aparecer mejor la sabiduría y la bondad del designio divino. Es la experiencia espiritual a la que se alude, por ejemplo, en las *Actas de Tomás,* un apócrifo antiguo y venerable de mitad del siglo III. «Al despuntar del crepúsculo», se lee, «el apóstol Tomás partió la Eucaristía, e hizo partícipes a los fieles de la mesa de Cristo. Ellos estaban contentos y llenos de alegría» (*Actas* 27).

Comprometiéndonos en el camino del sacrificio, la Eucaristía nos da la fuerza de la ofrenda, y nos ofrece al mismo tiempo la garantía de un gozo más profundo del que nos hace gustar actualmente la realidad.

Ella saca a la luz la naturaleza fundamental de la religión cristiana, que es la religión de la cruz, pero también religión de la alegría. En la enseñanza de las bienaventuranzas, Jesús ha recordado de manera muy viva el camino doloroso que se abre delante de sus discípulos, camino señalado sobre todo por la persecución; la persecución que se encarnizó con el Maestro durante su vida pública se prolongará en la que golpeará a los discípulos. Pero las bienaventuranzas perduran como un documento de alegría; ellas prometen una alegría que, lejos de ser reducida o combatida por la prueba, se instaura y se desarrolla a través del dolor. Una alegría que no nos ha sido prometida sólo para el más allá; se refiere a la vida terrena, aunque encontrará su pleno desarrollo sólo en la futura.

La Eucaristía tiende a hacer vivir mejor la ofrenda redentora, pero a través de la fuerza que da la alegría de la resurrección y con el fin de introducir a los creyentes más profundamente en la felicidad anunciada por el Evangelio. Se explica, pues, por qué el clima de toda celebración eucarística es un clima de alegría y por qué la comunión en el cuerpo y la sangre de Cristo tiende a una vida cristiana más generosa y también más gozosa.

III. LA EUCARISTÍA Y LA TRANSFORMACIÓN DE LA HUMANIDAD

1. **Eucaristía y don de la gracia**

En la Eucaristía se manifiesta la visión fundamental del misterio de la gracia. La gracia significa el don divino, don que se distingue por su gratuidad. La gracia que surge de Cristo redentor consiste en el don de la vida divina a la humanidad. Para nosotros el don es gratuito; en cambio, ha sido pagado al precio más alto por el Salvador.

El misterio eucarístico muestra con extrema evidencia que toda la vida nueva concedida a los hombres proviene de Cristo y es la vida misma del Hijo de Dios la que se comunica a todos. «El que come mi carne y bebe mi sangre tiene vida eterna, y yo lo resucitaré en el último día» (Jn 6,54), afirma Jesús ya antes de la institución de la Eucaristía, en el primer anuncio que hace de ella. Se diría que tiene prisa por dar su carne y su sangre a fin de que la vida eterna penetre dentro de sus discípulos y les asegure definitivamente su destino. Él precisa que, sin la comunión eucarística, esta vida eterna, que es la vida de la gracia, no será dada: «Os aseguro que si no coméis la carne del Hijo del hombre y no bebéis su sangre, no tenéis vida en vosotros» (Jn 6,53). Cristo es la única fuente a través de la cual la vida divina llega a la humanidad. La comida eucarística, pues, es el camino por excelencia de la difusión de la gracia; es la condición para el desarrollo de la vida cristiana.

Puesto que la Eucaristía es el sacramento en el que no sólo se da la gracia sino el autor de la gracia, tiene una conexión excepcional con la vida entera de la gracia. La presencia del cuerpo y de la sangre significa una presencia personal destinada a hacer surgir la gracia con abundancia ilimitada.

No podremos sacar la conclusión de que la Eucaristía es manantial de la gracia para los demás sacramentos, o manantial de toda la vida de la gracia. Sólo Cristo es la fuente, y no lo es únicamente a través de la Eucaristía. La Eucaristía no puede ser vista como el canal a través del cual pasan todas las corrientes de la gracia. Ella, sin embargo, da la presencia de Cristo, que, a su vez, es el dueño soberano de la efusión de la gracia. Aquel que quería nutrir a la humanidad con la propia vida ha elegido la Eucaristía como medio privilegiado para ahondar en toda la profundidad de la vida humana y transformarla en vida divina.

Esta profundización es tan poderosa como para inscribir en la persona una garantía de resurrección final. A través de la comunión, el cristiano recibe la garantía absoluta de esta resurrección: su cuerpo carnal está destinado a llevar en sí la vida eterna de Cristo. Proporcionándole esta garantía, la Eucaristía le procura el cumplimiento del misterio de la Encarnación redentora con su efecto de gracia, misterio de la vida divina comunicada a la carne humana, a través de la carne de Cristo.

2. **Eucaristía e Iglesia**

La Eucaristía realiza un papel determinante en el desarrollo de la Iglesia. La Iglesia es la convocación que Cristo obra a través del Espíritu Santo, formando la comunidad que vive de su vida divina. La convocación tuvo inicio en el momento de Pentecostés y desde entonces no ha cesado jamás de extenderse a todos los pueblos. En los primeros tiempos, la vida de la comunidad cristiana se expresó a través de la «fracción del pan», es decir, a través de la comida eucarística (cf. Hch 2,42). La «fracción del pan» era considerada como un rasgo distintivo de la vida cristiana fraterna.

San Pablo, que quería recordar a los Corintios las exigencias de la unidad y la necesidad de poner fin a todas las divisiones, hacía una llamada a la innegable experiencia que se concreta en la Eucaristía. Después de haber subrayado que «el pan que nosotros partimos» es «comunión con el cuerpo de Cristo», afirma: «El pan es uno, y así nosotros, aunque somos muchos, formamos un solo cuerpo, porque comemos todos del mismo pan» (1 Cor 10,16-17). La comida en la que Cristo se ofrece como alimento, no sólo une a cada uno de los participantes a Cristo sino que los une entre sí para que se nutran de un mismo alimento que los colma de una idéntica vida.

La Eucaristía no constituye sólo un signo de unidad, sino que contribuye también a formar la unidad de la Iglesia. El Cristo que hace comulgar a los discípulos en su cuerpo, moldea la comunidad a su imagen. Él emprende y prosigue una obra de construcción que une íntimamente a las personas a través de una misma fe y un único amor. En la Eucaristía se celebra la íntima unión entre Cristo y su Iglesia. «Cuando en el cáliz, el agua se mezcla con el vino», escribe Cipriano de Cartago, a mitad del siglo III, «el pueblo se une a Cristo, la muchedumbre de los creyentes se congrega y se reúne con Aquel en quien cree. Esta unión, esta mezcla del agua y del vino en el cáliz del Señor es inseparable. Así nada podrá separar a la Iglesia de Cristo: nada podrá separar de él al pueblo que está en la Iglesia y que fielmente persevera en la fe, de forma que estará siempre unido a él por un amor que de los dos hará un todo único» *(Cartas* 63,13).

Es verdad que se ha visto siempre una causalidad recíproca, según la cual la Iglesia hace la Eucaristía y la Eucaristía hace a la Iglesia. Pero en ambos casos, en el origen está siempre la acción de Cristo, pues es él quien da la vida a la Iglesia y quien ha inventado e instituido la Eucaristía.

La Iglesia hace la Eucaristía: ella ha recibido la misión de repetir en memoria de Cristo lo que fue hecho durante la Última Cena; celebrando la Eucaristía, la Iglesia desarrolla su vida comunitaria; se afirma y crece como Iglesia; desarrolla una actividad de culto y de oración que la santifica y hace crecer su irradiación en el mundo; ella asume más abiertamente su misión de testimonio y de anuncio de la buena noticia.

Pero también la Eucaristía hace a la Iglesia: toda celebración eucarística contribuye a la formación de la Iglesia, al desarrollo de su santidad y a la afirmación de su unidad; en la celebración del misterio que es reproducido en su nombre, Cristo no cesa de reunir a los hombres en la Iglesia y de animar a esta Iglesia con nueva fuerza de transformación del universo.

De modo particular, la Eucaristía favorece el crecimiento espiritual de la Iglesia. En la Iglesia hay un aspecto exterior, constituido por todas las manifestaciones visibles de su presencia y de su acción en el mundo. Tal vez estamos tentados de identificar a la Iglesia con esta realidad terrena y otras veces estamos tentados de ver en ella sólo su estructura jerárquica.

La Eucaristía tiende a desarrollar en la Iglesia la vida profunda, la que anima a los corazones humanos. Busca formar en todos los creyentes una comunión de alma que saca de Jesucristo toda su fuerza y su ardor. Ella quiere promover la cualidad de la vida espiritual, que se traduce en un comportamiento que refleja el de Cristo.

Entre las exigencias de esta cualidad de vida, la Eucaristía quiere asegurar también el desarrollo de la oración. Hace comprender, con el don de la presencia del cuerpo y de la sangre de Cristo, la importancia de la acogida y del diálogo, la necesidad de una búsqueda sincera de la unión con el Salvador. La misión de la Iglesia no puede desarrollarse si no está animada y sostenida por una oración perseverante. El testimonio al que están llamados los miembros de la Iglesia no puede ser auténtico si no implica una adhesión fundamental con el modo de actuar de la persona de Cristo.

Precisamente, esta adhesión de toda la persona requiere la venida continua de Cristo en la Eucaristía. Ésta es necesaria para el desarrollo de todas las misiones de la Iglesia. La Eucaristía tiende a hacer posible y eficaz la actividad apostólica, animándola con un espíritu de comunión esencial con Cristo. Impulsa hacia una construcción interior que sea garantía de una verdadera edificación externa.

La adhesión de la Iglesia primitiva a la «fracción del pan» demuestra el valor esencial que los primeros cristianos atribuían a la Eucaristía para el desarrollo de la comunidad cristiana. Esta adhesión derivaba del recuerdo dejado por algunas palabras de Jesús. Con el crecimiento de la Iglesia la adhesión a la Eucaristía no puede sino «permanecer asidua» (Hch 2,42).

En la Eucaristía la Iglesia queda reforzada en su testimonio de fe y de caridad. Por esto el sacerdote ora así al Señor:

«Señor, Padre de misericordia,
derrama sobre nosotros
el Espíritu del Amor,
el Espíritu de tu Hijo.
Fortalécenos a cuantos nos disponemos a recibir
el Cuerpo y la Sangre de tu Hijo
y haz que, unidos al Papa
y a nuestro Obispo,
seamos uno en la fe y en el amor.
Danos entrañas de misericordia
ante toda miseria humana,
inspíranos el gesto y la palabra oportuna
frente al hermano solo y desamparado,
ayúdanos a mostrarnos disponibles
ante quien se siente explotado y deprimido.
Que tu Iglesia, Señor, sea un recinto

de verdad y de amor,
de libertad, de justicia y de paz,
para que todos encuentren en ella
un motivo para seguir esperando.»

(Plegaria Eucarística V/b).

IV. LA EUCARISTÍA EN NUESTRA VIDA PERSONAL

1. **Eucaristía y fe**

La exclamación de la liturgia: «Misterio de la fe», reconoce en la celebración eucarística una llamada a la fe y una maravilla de la fe. La fe cristiana es consciente de ser llamada por causa de un misterio que la arrebata y la supera. Sólo la fe, con su apertura al infinito divino, puede acoger la ofrenda sacrificial que se realiza con las palabras «esto es mi cuerpo» y la presencia que de ellas se deriva.

La fe en la Eucaristía no es de orden secundario; implica cuanto hay de más esencial en la revelación cristiana, porque presupone la fe en la Encarnación redentora y la fe en la Iglesia. Ya Jesús había puesto el acento sobre la necesidad de esta fe, con ocasión del primer anuncio de la Eucaristía. Después de la multiplicación de los panes, había comentado el milagro para hacer descubrir su verdadero alcance. Había afirmado que no venía para dar a la humanidad la abundancia del pan material; sino que había venido entre los hombres como el «pan bajado del cielo» (Jn 6,53); él les traía aquel pan. En un largo discurso en la sinagoga de Cafarnaún, había revelado su intención de dar su carne como comida y su sangre como bebida. Pero se encontró con la respuesta de incredulidad por parte de sus oyentes; también muchos de sus discípulos encontraron inaceptable aquella promesa de la Eucaristía y abandonaron al Maestro que habían seguido hasta entonces. Aquel rechazo, opuesto a la promesa de la Eucaristía, fue ciertamente una profunda desilusión para Jesús. Pero viendo a sus apóstoles todavía allí ante él, impresionado por el gran testimonio de afecto, no dudó en exigirles la adhesión de fe que no había obtenido de la gran mayoría de oyentes. Les preguntó: «¿También vosotros queréis marcharos?» (Jn 6,67). Estaba dispuesto a dejarlos irse si no creían en la Eucaristía, que acababa apenas de anunciarles. Parece, por tanto, evidente que no es posible seguir a Cristo sin creer en la Eucaristía. Afortunadamente, la confesión de Pedro en nombre de todos permitió a los apóstoles continuar en el seguimiento del Maestro. Para Jesús, pues, la fe cristiana no puede ser más que una fe eucarística; la aceptación de la Eucaristía es condición esencial de la aceptación de Cristo, y no puede ser descuidada.

En razón y fuerza de esta llamada enérgica a la fe y a su adhesión, los apóstoles pudieron recibir con una fe sincera y profunda el cuerpo y la sangre de Cristo durante la Última Cena. Cuando escucharon por primera vez las palabras de la consagración eucarística, creyeron, porque un año antes habían hecho ya una opción personal de fe, en la promesa de la Eucaristía.

Después, durante la expansión de la Iglesia, esta fe en la Eucaristía permanece como la respuesta a la primera invitación de Cristo. En cada celebración, siempre, Jesús continúa exigiendo la misma fe. La Eucaristía presenta un problema muy especial: el contraste entre lo que está visible en el pan y en el vino, ofrecidos sobre el altar, y lo que está invisiblemente presente, el cuerpo y la sangre de Cristo, requiere un impulso de fe siempre renovado. Se trata de superar la distancia entre lo que percibimos con los sentidos y lo que la verdad del misterio nos manda creer. La fe cristiana re-encuentra continuamente su audacia con este salto a lo invisible.

La fe recupera también su bienaventuranza fundamental, la que Jesús había proclamado cuando quiso estimular a la fe en la resurrección y denunció la ceguera de la incredulidad manifestada por el apóstol Tomás: «Porque me has visto has creído; ¡dichosos los que crean sin haber visto!» El Maestro resucitado ha respondido anticipadamente a la objeción de quienes, por creer en la presencia del cuerpo viviente en el misterio eucarístico, estarían tentados de exigir la posibilidad de tocar el costado traspasado y de «meter el dedo en el agujero de los clavos» (Jn 20,23). La fe se separa de la evidencia sensible por una adhesión más elevada a la persona de Jesús; esto le da la garantía de ser dichosa.

La oscuridad de la fe, que mantiene a la Eucaristía en el campo del misterio, no impide, por tanto, el resurgir de la alegría. La exclamación «¡misterio de la fe!» resuena siempre como un grito de alegría: alegría de la fe misma y alegría del misterio que es el de Cristo resucitado, de nuevo presente en medio de la humanidad.

2. Eucaristía y caridad

La Eucaristía, misterio de fe, ha sido considerada y vivida en la Iglesia también como misterio de caridad.

La fe está animada por la caridad. Cuando, durante su ministerio, Jesús exigía una adhesión de fe, solicitaba un movimiento de amor, a fin de que las personas se unieran a él. Él mismo recordó a un doctor de la ley el valor del primer mandamiento: «Amarás al Señor tu

Dios con todo el corazón, con toda tu mente y todas tus fuerzas, con todo tu ser» (Dt 6,5; Mc 12,30 y par.). Como revelaba su persona divina de Hijo, este mandamiento exigía también en relación con él un amor que envolvía todo el corazón, toda el alma y todas las fuerzas de la persona. Esta reivindicación de un amor total encuentra una aplicación en la Eucaristía: Cristo eucarístico pide ser acogido en la comunión con este amor. Los que se nutren con el cuerpo de Cristo no pueden considerarlo sólo como una comida; están invitados a adorarlo y a amarlo con todo su corazón, con toda su mente, con todas sus fuerzas y con todo su ser. Al amor que inspira la venida de Cristo debe responder el amor de aquel que lo acoge.

Cuando Jesús había anunciado el primer mandamiento, lo unió expresamente al segundo: «Amarás al prójimo como a ti mismo» (Lev 19,18; Mc 12,13 y par.). Y amplió también las perspectivas con la parábola del buen samaritano, suprimiendo los límites implícitos en la expresión «tu prójimo» y demostrando que cada uno debe hacerse, él mismo, prójimo de sus hermanos (Lc 10,29-37). Durante la Última Cena hace comprender todo el alcance de la caridad que ha venido a instaurar en la tierra. Comentando la institución de la Eucaristía, enuncia su mandamiento peculiar, un «mandamiento nuevo»: «Que os améis unos a otros como yo os he amado» (Jn 13,34; 15,12). Este precepto es la respuesta divina a la división que se había producido al comienzo de la cena entre los apóstoles por saber quién de ellos era el mayor (Lc 22,24).

Jesús había sido más veces testigo de las disputas entre los doce para ocupar los primeros puestos en el reino futuro. No se limita a reprender a sus discípulos, sino que les ordena imitar la grandeza de su mismo amor. Dándose en alimento eucarístico les da la fuerza para hacerlo. Promulga, por tanto, la nueva ley de la caridad poniendo a sus discípulos en condición de seguirla, gracias a la Eucaristía.

Amar como ha amado Cristo es un objetivo altísimo, que es alcanzable sólo por quien recibe la fuerza divina del amor poseído por Cristo mismo. Esta fuerza divina permite al cristiano no sólo superar todas las tendencias de egoísmo y de ambición que hacen nacer las disputas, sino también llegar hasta el extremo en la generosidad del amor, siguiendo el ejemplo dado por el Salvador en su sacrificio. La Eucaristía, alimentando con el cuerpo y la sangre de Cristo al que la recibe, introduce en él la persona del Hijo encarnado, con todo su poder de amor; y así lo hace capaz de afrontar todas las dificultades que surgen a lo largo del camino de la caridad, y de superar todos los obstáculos.

Santa Teresa del Niño Jesús, en una de sus poesías, expresa así la fuerza de la Eucaristía:

«¡Oh Jesús, Viña sagrada!,
lo sabes, mi Rey divino,
soy un racimo dorado
que han de arrancar para ti.
Exprimida en el lagar
del oscuro sufrimiento,
yo te probaré mi amor.
Mi único gozo será
inmolarme cada día»

(Poesía 36, *Mis deseos al pie del Tabernáculo,* año 1896).

Más particularmente, la Eucaristía permite, a quien se nutre de ella, desarrollar las múltiples virtualidades del amor. Efectivamente, el corazón de Cristo posee la plenitud del amor; y sólo él es quien revela todos los secretos y asegura el desarrollo más pleno. Al mandar a sus discípulos amarse unos a otros como él les ha amado, no les ofrecía sólo un modelo, sino también un manantial siempre disponible, inagotable, del amor que se da hasta el fin. Las palabras «como yo os he amado» reclaman el amor que alcanza el vértice más alto en el sacrificio de la cruz; este mismo amor debe alcanzar su vértice en toda vida cristiana en el ofrecimiento de todo lo que es doloroso.

Durante la Última Cena, sirviéndose de sus discípulos, hace comprender mejor el alcance del verdadero amor por el otro. Cuando comenzó a lavar los pies de los discípulos, presentándose como el siervo de todos, dio un testimonio impresionante de la humildad propia del amor. Consciente de su divinidad soberana, que afirmará poco después en el proceso ante el Sanedrín, no recurre a su poder para aplastar o dominar, sino para servir. Nadie es humilde como él. Con esta humildad, que quiere transmitir a sus discípulos recomendándoles lavarse los pies unos a otros, abre el camino al entendimiento cordial, a la armonía que evita los encontronazos del amor propio. Haciéndose el último de todos, muestra en qué sentido deben resolverse todos los conflictos, en los que los hombres están tentados de prevalecer.

En la Eucaristía se produce el gesto de humildad de Jesús; se abaja hasta el punto de hacerse alimento y bebida para aquellos que ama. Él, que podría manifestarse en el esplendor de su gloria divina, se hace presente del modo más oscuro. Se pone al servicio de la humanidad, nutriéndola con su cuerpo y con su sangre. Toda celebración eucarística es manifestación discreta de un amor humilde, de un amor que desea comunicarse al mundo junto con su humildad.

Jesús mismo hizo comprender que aquel espíritu de servicio encontraría el modo de desembocar en el sacrificio: «el Hijo del hombre no ha venido para ser servido sino para servir y dar la propia vida en rescate por muchos» (Mc 10,45; Mt 20,28). El servicio humilde se expresa del modo más extremo en la ofrenda del sacrificio: el Hijo del hombre, es decir, aquel que, siendo hombre, es persona divina, se ofrece a sí mismo en rescate, en la humillación más completa, para obtener la liberación de la humanidad.

Explica a sus discípulos, invitándolos a seguir su ejemplo, que el sacrificio es el gesto de amor más grande: «No hay amor más grande que dar la vida por los amigos» (Jn 15,13). Ante la exigencia suprema del don de la vida, podemos echarnos atrás. Jesús lo sabe, él que en Getsemaní tuvo la tentación de retirarse. Sin embargo pide a sus discípulos imitarle en el compromiso que le ha conducido hasta el Calvario. Con la Eucaristía recién celebrada, les ha provisto de la energía de la que tendrían necesidad para entrar después de él en el camino del sacrificio.

La Eucaristía responde a todo género de temor que pudiera surgir ante la vía dolorosa de la pasión. Proporciona a los cristianos el impulso de amor necesario para aceptar y ofrecer las pruebas. Comunicando a cada discípulo la vida generosa de Cristo, lo hace capaz de darse sin reservas y con total disponibilidad. Abre al alma a todas las exigencias del amor y da nuevo vigor a su ardor ante las penas de la vida. La Eucaristía hace florecer la caridad a través del sacrificio y refuerza la alegría secreta de la caridad.

3. Eucaristía y esperanza

La Eucaristía aparece extremadamente rica de la esperanza más auténtica, de la esperanza en el destino de la humanidad y de cada persona.

Para la vida individual, es Jesús mismo quien da a conocer esta esperanza, afirmando: «Quien come mi carne y bebe mi sangre tiene vida eterna y yo lo resucitaré en el último día» (Jn 6,54). La vida eterna de Cristo penetra en el alma de quien recibe la carne y la sangre eucarísticas y este don de la vida eterna garantiza la resurrección que vendrá al final del mundo.

Para el destino de la humanidad, el anuncio de la venida de Cristo al mundo, que abre la perspectiva entera del porvenir de la humanidad, está ampliado por la Eucaristía, como dice san Pablo: «Cada vez que coméis de este pan y bebéis de este cáliz, anunciáis la muerte del Señor hasta que vuelva» (1 Cor 11,26). La Eucaristía, por tanto, contribuye esencialmente a la venida de Cristo al mundo.

Esta venida puede entenderse en el sentido más amplio; es decir, es una venida que ha sido iniciada con la primera convocación de Pentecostés, que prosigue en la existencia actual del mundo y que se completará cuando toda la obra de evangelización será llevada a término, es decir, al final del mundo (cf. Mt 24,14).

Para usar las palabras de Ignacio a los Efesios, la Eucaristía es «fármaco de inmortalidad, antídoto para no morir, sino vivir para siempre en Jesucristo» (20,2).

La Eucaristía posee un valor escatológico esencial: anuncia lo que caracteriza a los últimos tiempos y es una de las garantías de su cumplimiento. Lleva a los cristianos a la esperanza y da a esta esperanza la fuerza de realizarse. Introduciendo a Cristo en la comunidad cristiana, coopera a su venida en todo el universo y a la obra de difusión de la Iglesia. Proporciona, a quienes están encargados de la evangelización, las fuerzas espirituales que necesitan. Orienta todo el porvenir hacia el punto culminante, cuando la venida de Cristo alcanzará su máxima expansión y se realizará, con el fin del mundo, la resurrección de los cuerpos.

La Eucaristía encamina a la comunidad y a los individuos hacia su destino final; es manantial inexhausto de esperanza, de una esperanza que no defrauda (cf. Rom 5,5), porque está ligada al poder soberano de Cristo y a la inmensidad de su amor, que se prodiga por nosotros a través del Espíritu Santo.

V. ACCIÓN DE GRACIAS

Una mirada de conjunto al valor e importancia de la Eucaristía en la vida cristiana nos permite reconocer la riqueza maravillosa de la invención divina. Más en particular, nos permite comprender mejor la fundamentación del término «eucaristía», que significa «acción de gracias». En Cristo, la Eucaristía estaba animada por una acción de gracias dirigida al Padre. Ella nos hace entrar en esta disposición fundamental de agradecimiento, haciéndonos apreciar los dones divinos; en ellos se manifiestan la sabiduría soberana de todo el designio de salvación y la bondad que derrama los beneficios de la presencia sacramental de Cristo, de su sacrificio y de su alimento, para el crecimiento de la Iglesia y de cada uno de los cristianos. La Eucaristía desarrolla la fe, el amor y la esperanza confiriendo así plenitud a la acción de gracias; ella lleva hasta el extremo el impulso de gratitud que sube al Padre por su amor infinito.

CAPÍTULO II

EL ORIGEN DE LA EUCARISTÍA

I. TESTIMONIO DE SAN PABLO

La importancia de la Eucaristía está atestiguada por el vigor con que san Pablo apela a la tradición más primitiva, de la que le proviene esta verdad. La Eucaristía es una maravilla que podría aparecer increíble si no estuviera garantizada por la transmisión fiel de un recuerdo que se remonta sin ninguna duda al origen.

Cronológicamente, el testimonio de la Primera Carta a los Corintios es el más antiguo; la carta fue escrita en torno al año 56-57, su testimonio es anterior al de los Evangelios. Pero además de esta antigüedad, debemos subrayar que Pablo indica a Jesús mismo como origen de la tradición referida por él, para poner a plena luz la indudable autenticidad de la verdad transmitida.

«Porque yo he recibido una tradición, que procede del Señor y que a mi vez os he transmitido: Que el Señor Jesús, en la noche en que iban a entregarlo, tomó pan y, pronunciando la acción de gracias, lo partió y dijo: "Esto es mi cuerpo, que se entrega por vosotros. Haced esto en memoria mía"» (1 Cor 11,23-25).

De este hecho afirmado por la tradición, Pablo deduce una conclusión sobre el significado esencial de la comida eucarística: «Cada vez que coméis de este pan y bebéis de este cáliz, anunciáis la muerte del Señor hasta que vuelva» (1 Cor 11,26). Las circunstancias de esta comida que se realizó en la noche en que Jesús fue traicionado y el significado de las palabras referidas al cuerpo ofrecido por los discípulos y la sangre derramada en la nueva alianza, dan luz sobre el alcance de una comida destinada a anunciar la muerte de Cristo, en la espera de su venida en gloria.

1. He recibido del Señor

La expresión «he recibido del Señor», no significa que Pablo fuera beneficiado con una revelación particular, en la que el mismo Cristo le hubiera dirigido la palabra. Lo que ha recibido es una tradición que tenía su origen en los gestos y en las palabras de Jesús. Él transmite aquella tradición a los Corintios, con la plena conciencia de que el valor de la tradición estaba garantizado no sólo por recuerdos sino por la autoridad misma de Cristo que había instituido la Eucaristía. Pablo quiere subrayar que la enseñanza transmitida con su catequesis eucarística no proviene de una simple opinión o de una interpretación personal. El testimonio que ofrece ha sido recibido enteramente de la doctrina que viene transmitida en la Iglesia. Él ha recogido, simplemente, la verdad que ha sido atestiguada por algunos testimonios de la Última Cena y conservada fielmente por aquellos que han recogido sus recuerdos. Recuerdos que permiten llegar al mismo Cristo como manantial de la Eucaristía.

Este recurso solemne de Pablo a la tradición se verifica en otra circunstancia, a propósito de la resurrección de Cristo: en la misma Carta a los Corintios, nos impresiona el hecho de encontrar nuevamente una insistencia análoga sobre la transmisión que garantiza la autenticidad de la fe: «Porque lo primero que yo os transmití, tal como lo había recibido, fue esto: que

Cristo murió por nuestros pecados, según las Escrituras» (15,3-4). La muerte redentora y la resurrección constituyen la afirmación más fundamental de la revelación cristiana. Más particularmente, la resurrección es el milagro por excelencia que confirma toda la enseñanza dada por Jesús o que manifiesta la fuerza espiritual victoriosa con la que comunica a la humanidad la salvación y la vida nueva, su misma vida destinada a transformar la existencia de todos los individuos. Este acontecimiento está garantizado, como la Eucaristía, por una tradición que se fundamenta en las experiencias de los primeros testigos.

Es significativo que Pablo recurra expresamente a la garantía de la tradición para dos afirmaciones de la fe: la del drama pascual, muerte y resurrección, y la de la Eucaristía. Con esto quiere sugerir que la Eucaristía es una verdad esencial, de máxima importancia, ligada al cumplimiento de la obra de la salvación. En esa obra, muerte y resurrección de Cristo forman un vértice, realizado a través de los acontecimientos de la historia. En el campo del culto cristiano, la Eucaristía tiene una importancia análoga; la Eucaristía hace entrar en la vida del creyente la fecundidad transformadora de la muerte y resurrección del Salvador.

Pablo insiste, incluso más, sobre el origen primero de la tradición relativa a la Eucaristía cuando dice: «He recibido del Señor». Por lo que se refiere a la tradición relativa a la resurrección, se limita a decir: «Lo que también yo he recibido». En efecto, esta tradición nace del testimonio de los apóstoles que habían visto a Cristo viviente; en realidad, el primer testimonio había sido el de las mujeres, las primeras que encontraron al resucitado, y adquirió autoridad después que fue acogido y confirmado por los apóstoles. A propósito de la Eucaristía, la tradición es recibida directamente del Señor, porque fueron las palabras y el gesto de Cristo los que instituyeron la Eucaristía durante la Última Cena, con la invitación formal de reproducir el misterio celebrado por primera vez en la vigilia del drama redentor: «Haced esto en memoria mía».

La tradición recibida del Señor significa, por tanto, no sólo una transmisión de recuerdos garantizada por los testigos, sino también una transmisión de la voluntad de Cristo que continúa guiando a la Iglesia asociándola a la muerte y resurrección en el misterio eucarístico. Es una tradición que garantiza la intervención activa de Jesús en cada celebración eucarística. Aquel que ha inventado e instituido la Eucaristía continúa, a través de la intervención de su Iglesia, cumpliendo la ofrenda a través del don de su cuerpo y de su sangre. Se trata de una acción del «Señor», es decir, según el significado atribuido por san Pablo a este vocablo, de Cristo en la plena posesión de todo su poder salvífico.

2. «Haced esto en conmemoración mía»

Pablo nos ha conservado este «mandato de reiteración» pronunciado por Jesús después de la consagración del pan y del vino. De esta orden nace la celebración de la Eucaristía en la Iglesia. La orden está también recogida en el Evangelio de Lucas para la consagración del pan (Lc 22,19), mientras que Pablo lo refiere a las dos consagraciones.

Este mandato ha tenido consecuencias notables, no sólo por la reiteración de la celebración eucarística, sino también por la elección de lo que debía ser absolutamente tomado en la celebración misma. Los apóstoles comprendieron que la intención de Jesús abarcaba tanto la consagración del pan como la del cáliz, con la invitación a comer el cuerpo y beber la sangre. Las dos consagraciones daban un nuevo significado a dos ritos de la cena pascual: la bendición inicial del pan y, hacia el final, la bendición reservada al tercer cáliz. Todo el resto de la cena pascual podía desaparecer de la liturgia cristiana. Las palabras «Haced esto en conmemoración mía» indican claramente lo que se debía hacer para que la memoria de Cristo fuese actualizada como quería él. Por esto el culto cristiano no ha reproducido la consumición del cordero, sino sólo la doble consagración del pan y del vino.

Esta doble consagración vuelve a tomar los dos ritos correspondientes de la comida hebrea, pero transformando profundamente su significado y confiriéndoles un nuevo valor. La novedad deriva del sacrificio redentor, que confiere un contenido superior a la comida. La bendición del pan, en uso en la liturgia hebrea, dejaba al pan su consistencia y su destino como alimento corporal, mientras que la consagración pronunciada por Jesús cambia el pan en su cuerpo como alimento espiritual. Del mismo modo, el cáliz de bendición hacía circular un vino verdadero entre los convidados, mientras que en la liturgia cristiana llega a ser, a través de la consagración, el cáliz de la sangre del Salvador y está destinado a comunicar, junto con el amor supremo que anima la sangre derramada por la humanidad, una embriaguez espiritual.

Los apóstoles, después, deberán hacer algo fundamentalmente nuevo, algo que supera infinitamente todo lo que las liturgias anteriores habían podido imaginar y celebrar. La grandeza de la novedad está expresada en las palabras: «en conmemoración mía». La cena pascual se consumía en memoria de Yahvé, el Dios soberano que había manifestado su poder liberando al pueblo hebreo del yugo de Egipto. Hacia este Dios se elevaba el homenaje de reconocimiento y de admiración del pueblo por la maravilla de su intervención liberadora. El culto hebreo recordaba para siempre el gesto milagroso con el que Dios había salvado a su pueblo; en él encontraba un motivo esencial de alabanza y de adoración.

La concentración de la mirada y del homenaje, enteramente dirigidos a Dios, desde ahora en adelante deberán ser dirigidos a Cristo. La nueva cena debe ser hecha «en conmemoración» del yo de Jesús: el yo de un hombre, pero, al mismo tiempo y sobre todo, el yo de quien es Dios. Efectivamente, es el yo de Aquel que ha revelado la propia identidad diciendo: «Yo soy». Se trata de un yo divino que pertenece a la eternidad y domina todo el tiempo humano, y más particularmente todo el pasado del pueblo hebreo, como afirma la declaración: «Os aseguro que, antes que naciera Abrahán, existo yo» (Jn 8,58).

Jesús tenía conciencia de que su yo era un yo divino; su persona misteriosa era persona eterna. Ordenando a los discípulos repetir el gesto de la Eucaristía en memoria de él, no hacía otra cosa más que reconocer al propio yo el puesto soberano que ocupaba en la obra de la salvación. Su yo era el del Hijo de Dios y en cuanto tal debía tener un papel único en el destino de la humanidad. Como existía desde siempre, no había jamás dejado de existir ni de constituir el centro que debía atraer a sí el impulso de fe, de oración y de amor de toda la humanidad. Cada celebración eucarística renueva la memoria del «yo» de Cristo. Ella dirige las mentes y los corazones hacia la persona del Hijo de Dios encarnado.

3. Memorial

Diciendo: «Haced esto en conmemoración mía», Jesús no deseaba sólo que los hombres vivieran después de él acordándose de él. Quería hacer de la Eucaristía un memorial.

El memorial es definido por su realidad objetiva. No consiste simplemente en una memoria subjetiva, en un recuerdo que es realidad sólo en el pensamiento. Es manifestación exterior, institucional, de la memoria; es recuerdo que se inscribe definitivamente en la historia, para dar un carácter perpetuo al acontecimiento que debe ser conmemorado.

Por tanto, la cena pascual era un memorial, una institución que cada año recordaba la liberación concedida por Dios a su pueblo. Este memorial era la garantía de que el éxodo, acontecimiento del pasado, volvía a la memoria de los hebreos y reforzaba su adhesión al Dios liberador.

Con la Eucaristía, Jesús ha querido un nuevo memorial. Transformando la comida pascual en comida eucarística, instituyó un memorial que reprodujera perpetuamente lo que aconteció en la Última Cena. No era suficiente que el amor sublime que inspiró su pasión redentora quedara en el recuerdo de la humanidad. Este amor quería darse con una comida destinada a ser vivida en la vida de la Iglesia y que habría comportado una renovación incesante de la ofrenda redentora.

Así quedaba garantizada la realidad objetiva del memorial. Jesús tenía el poder de dar a este memorial un valor supremo, porque él mismo era Dios y poseía, en su eternidad de persona divina, una soberanía total sobre el correr del tiempo. Él podía hacer presente y actual lo que era acontecimiento del pasado; y así podía repetir hasta el infinito, en el crecimiento de su Iglesia en el tiempo, el gesto realizado en el momento de la institución de la Eucaristía. Debemos observar, por otra parte, que la invitación «Haced esto» no puede esconder la verdad más fundamental de la iniciativa y de la acción divina en la Eucaristía: a través de la mediación de Aquel que «hizo esto», es Cristo quien actúa; es él quien se ofrece y se da.

El memorial eucarístico es único en su género en fuerza de la divinidad de Cristo: memoria y presencia actual coinciden. Existe un único recuerdo del sacrificio realizado, de una vez para siempre, para la salvación de la humanidad; este sacrificio, en cuanto conmemorado, se hace actual de nuevo como realidad sacramental. Del mismo modo, es mucho más que un simple recuerdo del pasado consumado por Jesús con sus apóstoles en la vigilia de su muerte; en su valor eucarístico, esta comida se reproduce con la presencia del cuerpo y de la sangre del Salvador.

El memorial hace revivir concretamente el recuerdo de la Última Cena e induce a la admiración de la invención divina realizada para hacer entrar profundamente a la humanidad en el misterio de la Encarnación redentora. Suscita una adhesión más fuerte a la persona de Cristo.

Jesús había anunciado este poder de atracción que iba a ejercitar sobre todos los hombres: «Cuando yo sea elevado sobre la tierra, atraeré a todos hacia mí» (Jn 12,32). Cuando resuenan en la celebración eucarística las palabras «¡Haced esto en conmemoración mía!», se renueva esta atracción universal que proviene del «yo» de Cristo. El Salvador ha sido elevado de la tierra, primero sobre la cruz y después en la gloria a través de la Ascensión. La elevación dolorosa sobre la cruz y después aquella gloriosa en la gloria celeste son conmemoradas en la Eucaristía, con el fin de asegurar la irradiación más amplia del poder del Salvador, que viene a reunir a la humanidad en torno a su propia persona.

Haciendo presente este yo de Cristo a través del don de su cuerpo y de su sangre, la Eucaristía realiza su función de memorial. Este memorial es rico de un pasado que se consumó en el ofrecimiento heroico de un «yo» sacrificado en beneficio de todos. Contiene la garantía de un porvenir que se expresa a través del crecimiento de la reunión de la comunidad cristiana en el universo.

II. LOS TESTIMONIOS EVANGÉLICOS

Además del testimonio de Pablo sobre la institución de la Eucaristía, tenemos el de los tres Evangelios de Marcos, Mateo y Lucas. Las cuatro narraciones de esta institución presentan leves diferencias entre sí; podemos decir que, sustancialmente, coinciden en el modo de contar el acontecimiento y de referir las palabras de Jesús. Esta coincidencia no deriva de la influencia de Pablo, porque, aunque su narración es cronológicamente más antigua por redacción y difusión, las de Marcos y Mateo tienen una forma semítica que parece más primitiva.

De hecho, existen dos formas de la narración de la institución que han sido afirmadas independientemente la una de la otra; por una parte, la forma narrada por Marcos y seguida por Mateo; por otra, la forma narrada por Pablo y que ha influido sobre el relato de Lucas. Siendo más semítica la versión de Marcos y de Mateo, parece más cercana al origen, más literalmente fiel a las palabras pronunciadas por Jesús. Sin embargo la versión de Pablo no está garantizada con menor solidez, en su fidelidad esencial a la tradición de la que proviene; ella manifiesta mayor adaptación al lenguaje y a la cultura del ambiente griego. Comporta, sobre todo, un orden de reiteración que ha podido ser referido sólo porque provenía de Jesús mismo. El orden no ha sido tomado en Marcos y Mateo, probablemente porque en su tradición se daba por descontado; la Eucaristía podía ser celebrada sólo reproduciendo lo que había hecho Cristo en la Última Cena. Queda el hecho de que, sobre este punto, la tradición relatada por Pablo es más completa, más integralmente fiel al acontecimiento y a las palabras pronunciadas por Jesús.

No se trata, por tanto, de acoger una forma de narración de la institución como si fuese la única válida. Las cuatro narraciones que poseemos nos ayudan a encontrar mejor el origen auténtico de la Eucaristía: cada una tiene su valor.

1. Versión de Marcos (14,22-25) y de Mateo (26,26-29)

Las narraciones de la institución de la Eucaristía en Marcos y en Mateo son muy semejantes. En Mateo observamos alguna leve ampliación respecto a Marcos, pero lo esencial de la narración es idéntico.

Invitación a la comida

La versión de Marcos y de Mateo implica una invitación a comer: «Tomad» (Mc), «Tomad y comed» (Mt). Esta invitación está ausente en las narraciones de Pablo y de Lucas, pero ciertamente corresponde a la intención de Jesús, porque cuando tomó el pan diciendo «esto es mi cuerpo», quería dar su propio cuerpo como alimento. Aunque en el caso de que esta expresión de invitación no hubiera sido pronunciada así como nos ha sido referida, sin embargo está implícita en las palabras y en el gesto de la consagración, que querían dar el cuerpo de Cristo como auténtica comida espiritual.

En la narración de Marcos, la invitación no está repetida para el cáliz, mientras que la narración de Mateo contiene las palabras: «Bebed todos». El acento está puesto en la participación universal. En el contexto de la Última Cena, la invitación está dirigida a todos los discípulos y, en el consiguiente contexto eucarístico, está dirigida a todos los creyentes, a todos los fieles presentes. El carácter universal de la invitación se armoniza de modo totalmente particular con las palabras de la consagración del vino, que declaran la sangre de Cristo derramada por la multitud, es decir, por todos los hombres. Como el sacrificio del Salvador es ofrecido por toda la humanidad, todos los hombres están invitados a tomar parte en la comida eucarística, en la que la sangre se da como bebida.

La invitación a comer y después a beber tiene la ventaja de llamar la atención sobre el deseo de Cristo de nutrir a los creyentes con su cuerpo y de calmar la sed con su sangre. Es él quien organiza el banquete eucarístico y quien invita personalmente a todos los hombres a beneficiarse de él. Esta invitación se asemeja a la que dirige el rey que ha preparado un banquete para las bodas del hijo: «Todo está preparado; venid a la boda» (Mt 22,4). Con su invitación, el Hijo hace «lo que ve hacer al Padre»; lo que hace el Padre «también lo hace el Hijo» (Jn 5,19).

«Mi sangre, sangre de la alianza»

«Esto es mi sangre, sangre de la alianza, derramada por muchos» (Mc 14,24; Mt 26,28).

La versión de Marcos y de Mateo se distingue de la de Pablo y de Lucas sobre todo en las palabras que acompañan la consagración del cáliz. La afirmación es más directa: «Esto es mi sangre», mientras que en Pablo y en Lucas está expresada de forma más compleja: «Este cáliz es la nueva alianza en mi sangre».

La versión de Marcos y de Mateo, más sencilla, es también más cercana a la fórmula de conclusión de la alianza de Dios con el pueblo hebreo, sacada del Éxodo. Rociando al pueblo con la sangre de las víctimas animales, Moisés había declarado: «Ésta es la sangre de la alianza que hace el Señor con vosotros, sobre todos estos mandamientos» (24,8). Jesús toma de nuevo esta fórmula, demostrando así el cumplimiento de un rito que en el Antiguo Testamento podía tener sólo un valor prefigurativo. La toma de nuevo, pero añadiéndole una precisión esencial: «Esto es mi sangre, sangre de la alianza», o más literalmente: «Esto es mi sangre, de la alianza».

Cristo no es sólo el que realiza la alianza anunciada en los profetas hebreos; él es la alianza, estipulada al precio de su sangre. En efecto, si es mediador entre Dios y la humanidad, lo es porque es personalmente Dios y hombre. En él se realiza la alianza en toda su amplitud, en modo de superar todo lo que había sido dicho en el pasado sobre la nueva alianza que Dios deseaba establecer. Dios y hombre en única persona, Cristo representa, por una parte, a Dios en sus relaciones de amistad con la humanidad y, por otra, representa a la humanidad en su reconciliación con Dios a través del sacrificio. La alianza verdadera y definitiva se enclava en la persona del Hijo de Dios encarnado: en él, la unión entre divinidad y humanidad asume una forma única y perfecta.

Su sangre derramada por muchos

Mientras la versión de Pablo se limita a afirmar la presencia de la sangre, la de Mateo precisa que se trata de la sangre ofrecida en sacrificio.

La sangre de Cristo es derramada «por muchos», es decir, por la humanidad entera. La alianza se realiza a través del sacrificio: el misterio de la Encarnación, en sí mismo, no habría bastado. La alianza, por causa de los pecados de la humanidad, asume un carácter de reconciliación, con un aspecto esencial de expiación, del cual la sangre derramada constituye una imagen sugestiva. Esta sangre que pertenece al Hijo de Dios, obtiene, a través de su derramamiento, y más específicamente a través del amor generoso que inspira la ofrenda, la salvación de la «multitud», de la humanidad entera. Esta sangre es la que se ofrece como bebida. Más allá de la eficacia del sacrificio por todos los hombres hay, por tanto, una eficacia de la comida para los participantes en la Eucaristía. Beber la sangre de Cristo significa entrar en el misterio del sacrificio redentor a través de la unión más íntima con el Salvador.

La fórmula usada en la consagración del vino hace pensar en la explicación que Jesús había proporcionado sobre el significado de su venida a la tierra: «El Hijo del hombre no ha venido para que le sirvan sino para servir y dar la propia vida en rescate por muchos» (Mc 10,45; Mt 20,28). Su misión consistía, esencialmente, en un servicio, un servicio que sería culminado en el sacrificio. Hablando de un rescate, Jesús hacía alusión al sacrificio expiatorio, destinado a obtener el perdón de las culpas de la humanidad.

En la idea de un rescate pagado por la multitud, encontramos de nuevo el presupuesto de la estrecha unión entre Cristo y la alianza; en cuanto representante de todos los hombres, Jesús conquista para ellos la salvación junto con la abundancia de la vida divina. Él es el que, en nombre de todos, ofrece el sacrificio y transforma así el destino de cada individuo.

Los que son llamados a compartir la comida eucarística no pueden olvidar el hecho primordial de que la sangre, que son invitados a beber, es la del sacrificio más integral. La formulación de san Pablo, que se limita a hablar de la alianza en la sangre, hace también alusión al sacrificio; esta referencia sacrificial es confirmada también por las palabras: «Cada vez que coméis de este pan y bebéis de este cáliz, proclamáis la muerte del Señor» (1 Cor 11,26). En cuanto fruto del sacrificio, la comida, en la que se ofrece como bebida la sangre de Cristo, adquiere todo su valor. La sangre adquiere un valor tanto más precioso cuanto que es derramada por la multitud.

El sacrificio contribuye, pues, a la cualidad de la comida. El vino rojo que era servido durante la comida pascual estaba bien adaptado para evocar la sangre. En el ámbito del rito hebreo recordaba la sangre del cordero pascual; en la perspectiva de la Eucaristía, testimoniaba que Cristo, cordero pascual por excelencia, daba su propia sangre como bebida.

La alianza

En la fórmula de la consagración del vino, Jesús ¿habló de alianza o de nueva alianza? Según Marcos y Mateo, él llama a su sangre sangre de la alianza, mientras que, según san Pablo y Lucas, afirma que el cáliz es la nueva alianza en su sangre. La diferencia puede parecer poco importante o poco significativa. Sin embargo nos ayuda a comprender mejor cuál era el pensamiento de Cristo en el momento de la institución de la Eucaristía.

Una de las propiedades más características del lenguaje de Jesús, la simplicidad, nos hace preferir el término «alianza». Pero estamos también llevados a pensar que, verosímilmente, la expresión «la nueva alianza» fue adjuntada por los cristianos que deseaban subrayar la distancia entre la alianza hebrea y la cristiana. Además, el origen más arcaico de la versión de Marcos y de Mateo anima a considerar más originaria la simple mención de «alianza».

Sirviéndose de este término, sin cualificarlo ulteriormente, Jesús quería significar que él mismo era la alianza más auténtica. Efectivamente, es la única alianza real. Las alianzas que son recordadas en el Antiguo Testamento no son otra cosa que figuras de la alianza única y definitiva que Dios tenía la intención de establecer con la humanidad. Las alianzas con el pueblo hebreo eran eficaces sólo con vistas a Cristo, de quien eran anuncio. Cuando en aquellas alianzas se realizaba la reconciliación de los pecadores con Dios y las culpas eran canceladas, el perdón divino era concedido sólo en dependencia del acontecimiento futuro del sacrificio redentor.

Quienes han atribuido a Jesús la identificación con la nueva alianza pudieron expresar de este modo su implicación en la sucesión temporal, contraponiendo la alianza nueva a la antigua. O también, han podido aplicar a Jesús la instauración de una «alianza nueva», en base a la profecía de Jeremías (31,31). La expresión tiene un sentido legítimo porque, en todo caso, aun hablando simplemente de alianza, Jesús entendía una alianza nueva, que introducía un nuevo régimen de gracia para la humanidad.

Sin embargo, Jesús prefería la expresión más sencilla «la alianza» como más adecuada y más rica de significado. No se ponía en el punto de mira del transcurrir de la historia y de las eras que se avecinaban. Veía su empresa en relación con la vida entera de la humanidad.

Él es la única alianza para todos los tiempos, porque sólo él une la humanidad al Padre y hace que los hombres, que tienen necesidad de perdón, se aprovechen de la bondad misericordiosa del Padre. Su sangre es ofrecida en bebida como alianza perpetua en todas las celebraciones eucarísticas que se multiplican en el mundo.

La expresión usada en la liturgia, «alianza nueva y eterna», pone de relieve lo que Jesús ha querido decir con el único término «alianza». La alianza es nueva porque se identifica con Cristo; es fundamentalmente diversa de la alianza instaurada en la religión hebrea, que tenía sólo un valor de preparación y de prefiguración. Es nueva, con la novedad misma de Dios, que se ha revelado en la encarnación redentora.

La alianza es eterna, no sólo porque está destinada a permanecer para siempre y a guiar el futuro de la humanidad, sino también porque, en virtud de la eternidad divina, se revierte sobre todo el pasado; ella cubre la duración entera de la historia humana, desde los inicios hasta el final. A través de esta alianza, Cristo redentor hace entrar a los hombres en la eternidad celeste, que superará sin límites el final del mundo.

A través de la comunión en la sangre de Cristo, la Eucaristía hace penetrar en la vida humana la alianza nueva y eterna. Es la única alianza que fija definitivamente la suerte del destino humano a su nivel más elevado.

«Para la remisión de los pecados»

Sólo la narración de Mateo, en la fórmula de la consagración del vino, contiene la expresión «para la remisión de los pecados» (26,28). Estas palabras están destinadas a indicar más claramente la finalidad de la «sangre derramada por muchos». Se trata de un sacrificio expiatorio, es decir, de un sacrificio ofrecido para obtener la remisión de los pecados. Este género de sacrificio existía en el culto hebreo, donde desempeñaba un papel muy importante.

Aquí se trata de un sacrificio único, porque en el lugar de las víctimas animales que eran inmoladas, no sólo hay una vida humana, sino que el que ofrece el sacrificio es la persona divina del Hijo de Dios; él se entrega voluntariamente a la muerte para obtener el perdón para la multitud de los hombres. El sacrificio expiatorio reviste, pues, una grandeza sorprendente y hace comprender sobre todo la gravedad del pecado de la humanidad. Este pecado es, efectivamente, el que, por la libre decisión de la soberanía divina, ha comportado la ofrenda del sacrificio.

¿Jesús ha pronunciado de verdad estas palabras? No es seguro. De hecho permitirían suponer que la única finalidad del sacrificio fuese la remisión de los pecados, mientras que la finalidad era más amplia: a través de su sacrificio, Jesús quería obtener para los hombres el don de la vida eterna; el buen pastor «da la vida por sus ovejas» para que tengan vida y la tengan en abundancia» (Jn 10,10-11).

Es cierto, sin embargo, que el sacrificio del Calvario estaba destinado a comunicar esta vida más abundante, procurando la remisión de los pecados. Por tanto, las palabras de la versión de Mateo expresan una verdad esencial, la victoria lograda por Cristo sobre los poderes del mal. Ellas recuerdan que el mundo es un mundo pecador, pero que ha sido salvado. De esta forma, cada celebración eucarística se propone así como más fuerte que todo el mal del mundo. Quienes fueran conducidos a dejarse impresionar, o también a desanimarse, por las manifestaciones del mal en el universo, encontrarán en la Eucaristía una respuesta a sus sentimientos de tristeza. La Eucaristía renueva la victoria definitiva del Salvador sobre todas las fuerzas del mal y comunica en abundancia una vida de amor, cuya concesión acompaña la remisión de los pecados.

2. Versión de Lucas (22,19-20)

Las palabras de la institución

En lo que se refiere a las palabras pronunciadas por Jesús para la institución de la Eucaristía, la versión de Lucas coincide con la de Pablo, pero con un mayor acento en la intención del sacrificio. En la consagración del pan, la fórmula breve de Pablo: «Esto es mi cuerpo, que es para vosotros», es sustituida por: «Esto es mi cuerpo entregado por vosotros». Observamos, sin embargo, que es muy posible que Jesús, con la sencillez de su lenguaje lleno de significado, se haya expresado como refiere Pablo, limitándose a decir «por vosotros», o bien, en paralelo con la fórmula usada para el vino, «por muchos». La expresión «por vosotros» parece una aplicación particular, indicando a la comunidad presente, de la fórmula más general: «por muchos». En el sacrificio ofrecido por la multitud era importante reconocer la generosidad del don, y es lo que hace el texto de Lucas: el cuerpo es «dado», ante todo no como alimento, sino dado en don en beneficio de todos.

Del mismo modo, en la consagración del cáliz, mientras Pablo se limita a definirla como «nueva alianza en mi sangre», Lucas añade «derramada por vosotros». Él realiza esta añadidura, bajo el precio de un difícil acuerdo gramatical, señal de que deseaba mucho completar la fórmula demasiado breve de Pablo. La sangre es derramada por la multitud, y por tanto por los participantes en la cena, así como el cuerpo es dado para ellos. La referencia al sacrificio permite comprender, en su justo valor, el don del cuerpo y de la sangre.

La ambientación escatológica

El texto de Lucas comporta dificultad de interpretación por el hecho de que, antes de las palabras de la institución de la Eucaristía, se traen de nuevo otras dos declaraciones relativas a la cena pascual.

«Cuando llegó la hora, se puso a la mesa con los discípulos, y les dijo: "Con ansia he deseado comer esta Pascua con vosotros antes de padecer; porque os digo que ya no la comeré más hasta que halle su cumplimiento en el Reino de Dios". Y, tomando una copa, dio gracias y dijo: "Tomad esto y repartidlo entre vosotros; porque os digo que, a partir de este momento, no beberé del producto de la vid hasta que llegue el Reino de Dios"» (Lc 22,14-18).

¿Cómo entender las dos afirmaciones y cómo precisar su unión con la institución de la Eucaristía? Podemos decir que ellas constituyen la ambientación escatológica de la comida pascual. La primera declaración fue pronunciada al inicio de la comida, y la segunda, probablemente al final. Entrambas son traídas por Lucas antes de la narración de la institución, porque están en estrecha conexión entre ellas, aunque la primera preceda a la institución y la otra la siga.

En la primera, Jesús expresa un deseo intenso de consumar aquella comida; es la última comida pascual antes de su pasión. Lo desea de un modo del todo particular, como una comida que encontrará su cumplimiento en el Reino de Dios. Este cumplimiento es el que tiene prisa en realizar; lo realizará con la Eucaristía que se celebrará en su Reino, es decir, en la Iglesia.

Se trata de un cumplimiento escatológico, porque la instauración del Reino de Dios pertenece a los últimos tiempos. La Eucaristía será una comida terrena, en la cual el alimento celeste será dado a los hombres para el desarrollo de un reino que debe crecer en todo el mundo y preparar la entrada en la alegría definitiva.

Conviene notar el acento puesto por Jesús sobre su deseo personal de instaurar la Eucaristía. La expresión semítica «He deseado con ansia» (22,15) significa un deseo profundo, que envuelve a toda la persona. Son las personas las que tienen necesidad de la comida eucarística, pero es Cristo el que experimenta el deseo, antes todavía que ellas. El anuncio de este deseo está destinado a despertar nuestro mismo deseo. Hay, implícitamente, un interrogante dirigido a todos los cristianos, sobre el deseo de participar en la Eucaristía y sobre el deseo de comulgar.

La segunda declaración escatológica es hecha en el momento del último cáliz. Como la comida pascual comprendía cuatro, se trata del cuarto. El tercero, llamado cáliz de la bendición, no podía dar lugar a esta declaración, puesto que Jesús afirma que ya no beberá más del fruto de la vid; sólo el último cáliz podía realizar la predicción; por otra parte, Jesús no podía beber el cuarto cáliz, destinado a contener el vino eucarístico. La comunión con su sangre podía ser un gesto realizado sólo por sus discípulos.

Por tanto, sólo después del cuarto cáliz de la comida pascual debía realizarse la instauración del reino de Dios.

Aparece así la unión de la Eucaristía con la venida del reino, es decir, con el desarrollo de la Iglesia, puerta de acceso al reino celestial.

3. El testimonio de Juan

El Evangelio de Juan no narra la institución de la Eucaristía. Podemos preguntarnos por qué él no nos ha transmitido una narración que tiene una importancia tan grande en la enseñanza de Pablo y en los evangelios sinópticos.

La razón esencial de este silencio la podemos encontrar en la intención del evangelista, que quería completar las informaciones dadas por los otros evangelios, y que consideraba atestiguadas ampliamente por ellos las palabras y los gestos con los que Jesús había instituido el rito eucarístico. Un rito, por otra parte, bien conocido en cuanto que estaba siendo reproducido continuamente en las comunidades cristianas.

El Evangelio de Juan comporta dos añadidos esenciales a las enseñanzas proporcionadas por los otros evangelios sobre la narración de la institución.

Ante todo, refiere el primer anuncio de la Eucaristía, hecho en la sinagoga de Cafarnaún, después del milagro de la multiplicación de los panes. Ya el modo de describir el milagro, recordando que Jesús tomó los panes y «dio gracias» (6,11), hacía entrever la plegaria que habría de dar el nombre a la Eucaristía. En el discurso hecho para revelar el significado del milagro (6,26-28), Jesús manifiesta su intención de dar su cuerpo como alimento y su sangre como bebida, intención muy decidida porque afirma la necesidad de este alimento para tener la vida eterna. Además, definiéndose a sí mismo como el pan bajado del cielo o el pan de vida, subraya la relación entre la Eucaristía y la Encarnación. Precisa también que su cuerpo y su sangre les serán dados en su estado glorioso, en el que serán colmados por la vida del Espíritu (6,61-63). De esta forma proyecta una luz esencial sobre el significado de la comida eucarística.

Además, es necesario comprender el componente sacrificial de la comida, en base a las palabras: «El pan que yo daré es mi carne para la vida del mundo» (6,51). Estamos ante una afirmación muy cercana a la fórmula de consagración del pan, porque «es mi carne para la vida del mundo» equivale, más o menos, a «esto es mi cuerpo, entregado por vosotros».

La promesa de la Eucaristía contenía, por tanto, todo lo que debía realizarse en la institución; así comprendemos mejor por qué Juan no cree necesario repetir la narración de la institución, que los cristianos oían constantemente en la liturgia.

Un segundo añadido no es menos importante: el Evangelio de Juan nos hace conocer gestos y palabras que caracterizan la Última Cena. Nos cuenta el gesto del lavatorio de los pies y las palabras dichas por Jesús como comentario de la comida eucarística. Partiendo de la Eucaristía, el Maestro expone, con mayor amplitud de lo que lo hubiera hecho hasta ahora, los puntos más esenciales de su doctrina, como el nuevo mandamiento del amor. La oración que cierra esta enseñanza ilumina el impulso de ofrenda y de acción de gracias que caracteriza a la Eucaristía (17,1-26).

Juan, de hecho, es el evangelista que nos hace descubrir mejor la Eucaristía como misterio de la eternidad divina que penetra en el ambiente humano. Ya en el Prólogo de su Evangelio había presentado al Verbo que se hace carne. Esta carne asumida para una vida humana semejante a la nuestra es también la que se da en alimento en la Eucaristía. En el discurso de interpretación de la multiplicación de los panes, Juan subraya la eternidad de la vida que comunica la Eucaristía. En efecto, quien come la carne del Hijo del hombre «tiene vida eterna» (6,54). Se trata de la carne en su estado glorioso, carne vivificada por el Espíritu. Indudablemente, la comunicación de vida eterna demuestra la grandeza de la Eucaristía: la eternidad que pertenece al Hijo del hombre penetra en los corazones humanos.

Esto no significa que el evangelista olvide el valor propio de la vida humana. El Hijo del hombre es la persona divina que ha tomado la naturaleza humana, y la carne eucarística, aun estando animada por el Espíritu vivificante, permanece una carne propiamente humana. El gesto histórico de la institución no está absolutamente relegado a la sombra; el Evangelio de Juan es el que nos hace vivir más concretamente lo que acontece durante la Última Cena. Nos permite acoger mejor los sentimientos de Cristo en el momento de la institución de la Eucaristía.

En el drama de la traición de Judas, es Juan quien nos revela hasta qué punto a Jesús le impresionó aquella infidelidad, una infidelidad que se consumó en el momento de la cena eucarística. En el diálogo entre Jesús y los discípulos, constatamos que la Eucaristía había permitido las relaciones más intensas de intimidad y de confianza serena.

Tenemos necesidad de una confirmación histórica acerca de la Eucaristía, pero tenemos también necesidad de profundización espiritual en el misterio; Juan nos ayuda a hacerlo.

4. La ambientación pascual de la institución

La institución de la Eucaristía acontece en una perspectiva pascual, porque se realiza antes de la fiesta de la Pascua hebrea. Ha habido discusiones sobre la naturaleza de la comida realizada por Jesús con los discípulos. ¿Se trataba de una verdadera cena pascual? La dificultad deriva de la divergencia de cronología entre san Juan y los sinópticos. Para los sinópticos, Jesús murió en la fiesta de Pascua, mientras que para Juan, murió en la vigilia de la fiesta. Pero si murió durante la vigilia, entonces la comida consumida con los discípulos no podía parecer una cena pascual, porque habría sucedido en la ante-vigilia de la fiesta, la tarde precedente a su condena en cruz. Surge, entonces, la pregunta: ¿podemos limitarnos a afirmar un simple clima pascual de la Última Cena, o bien, ésta puede verse como cena pascual? ¿Cómo resolver el problema cronológico puesto por la divergencia entre Juan y los sinópticos?

Antes de examinar el problema de la fecha exacta de la muerte de Jesús, observamos que el testimonio evangélico no parece dejar dudas sobre el carácter pascual de la Última Cena. «El primer día de los Ácimos, cuando se sacrificaba el cordero pascual, le dijeron a Jesús sus discípulos: ¿Dónde quieres que vayamos a prepararte la cena de Pascua?» (Mc 14,12). Jesús se expresa de manera análoga cuando dice a sus discípulos que pregunten al propietario de la casa: «¿Dónde está la habitación en que voy a comer la Pascua con mis discípulos?» (Mc 14,14). Mateo subraya que las directrices del Maestro se siguieron fielmente: «Los discípulos cumplieron las instrucciones de Jesús y prepararon la Pascua» (Mt 26,19). No sólo el término usado, «la Pascua», indica indudablemente la cena pascual, sino el cuidado particular con que Jesús da las recomendaciones para la preparación confirma la naturaleza pascual de la comida. La fidelidad de los discípulos en seguir las órdenes recibidas, expresamente recordada, es una confirmación suplementaria. No menos característica es la frase de Lucas (22,15-16) ya citada: «He deseado ardientemente comer esta comida pascual con vosotros antes de padecer...». El hecho de comer la Pascua, tiene una importancia bien patente. Además diciendo: «hasta que ésta no se cumpla», Jesús da a entender que la comida pascual, en su significado fundamental, recibirá una nueva realidad en el reino.

Por otra parte, ha sido posible individualizar una serie de indicios que se armonizan con las características propias de la cena pascual, como, por ejemplo, la alusión a la pureza necesaria para aquella comida (cf. Jn 13,10) o la conclusión de la cena con la última parte del canto del Hallel.

Una convergencia de detalles avala las afirmaciones más explícitas de los Evangelios. No es casual, por tanto, que ya en siglo IV Efrén el Sirio, aludiendo a las notas de la cena pascual de Jesús, entonara esta bienaventuranza: «Dichosa eres tú, oh noche última, porque en ti se ha cumplido la noche de Egipto. El Señor nuestro en ti ha comido la pequeña pascua, y se convierte él mismo en la gran Pascua... He aquí la pascua que pasa y la Pascua que no pasa. He aquí la figura y he aquí su cumplimiento» *(Himno sobre la Crucifixión,* 3,2).

CAPÍTULO III

LA EUCARISTÍA: NOMBRE Y NATURALEZA

I. PLURALIDAD DE NOMBRES

Muchos son los nombres que se han dado al sacramento instituido por Jesús durante la Última Cena (cf. CCE 1328-1332). El sacramento presenta una multitud de aspectos y por esto ha sido designado con muchos nombres.

En la Iglesia primitiva se le llamaba *fracción del pan.* La fracción del pan designaba el gesto característico del jefe de la mesa; el gesto adquirió un nuevo significado en la cena pascual durante la cual el cuerpo de Cristo fue dado como alimento. En el encuentro con Cristo resucitado, los discípulos de Emaús reconocen al Maestro en la fracción del pan (cf. Lc 24,35); aunque se trata sólo de un preludio a la comida, por causa de la desaparición de Jesús, el evangelista Lucas ve en ello la señal de que desde ahora en adelante su presencia se ofrecerá en la Eucaristía. En los Hechos de los Apóstoles, entre los rasgos distintivos de la primera comunidad, cita la fracción del pan, precisando que se celebraba cada día en las casas (2,42-45). Por su parte, Juan Crisóstomo explica que el motivo por el cual «llamamos Eucaristía (acción de gracias)» a los santos misterios, «es porque ellos son el recuerdo de muchos beneficios, porque nos muestran el punto fundamental del plan de salvación de Dios y porque nos disponen para darle siempre gracias... Por eso el sacerdote, cuando ofrece el divino sacrificio, nos manda dar gracias por el mundo entero, por los que han vivido, por los que viven, por los que ya han nacido y por los que nacerán» *(Homilía sobre el Evangelio de Mateo* 25,3, PG 57, col.331).

El término «eucaristía», más tardío, se impuso con referencia a la plegaria de acción de gracias pronunciada por Jesús para la consagración del pan y del vino. «Dar gracias», en griego se decía *eucharistein.* Esta plegaria había dado a la comida un significado y un valor nuevos, esencialmente fundados en la relación de Jesús con el Padre. Fue retenida de tal modo significativa que el término «eucaristía» pasó a indicar el rito o celebración en su conjunto.

Entre los otros nombres, está el de *cena,* que se explica fácilmente porque la Eucaristía se celebró durante aquella Última Cena a la cual Jesús confirió un carácter definitivo.

Un significado equivalente tiene la expresión *comida del Señor,* es decir, la comida que el Señor Jesús dejó a sus discípulos.

El término *sinaxis* se refiere a la asamblea convocada para la celebración eucarística; tiende a expresar la unidad ideal de la comunidad, realizada por la Eucaristía.

El *memorial* significa lo que ha sido instituido en memoria de Cristo, más precisamente, lo que hace actual en la vida de la Iglesia su pasión y resurrección.

Las expresiones *santa liturgia, santos misterios,* han sido utilizadas para la Eucaristía aunque tienen, en cuanto tales, un significado más general. Ellas hacen reconocer en la Eucaristía la celebración litúrgica por excelencia, la expresión más completa del misterio de la salvación.

El *santo sacramento* indica, más particularmente, el cuerpo y la sangre de Cristo hechos presentes en la celebración.

El *santo sacrificio* expresa, de manera más particular, el don que renueva para la Iglesia la ofrenda del sacrificio de la cruz.

El término *comunión* se usa corrientemente para significar la participación en la comida eucarística. Ya san Pablo hablaba de «comunión en la sangre de Cristo» y de «comunión en el cuerpo de Cristo» y ponía el acento sobre el efecto de esta comunión, que no sólo une a Cristo, sino que reúne a los participantes en un solo cuerpo (1 Cor 10,16-17). «Comunión» tiene, por tanto, un doble significado: la unión con Cristo y el principio de la unión de los creyentes entre sí.

La presencia del cuerpo de Cristo bajo el signo del pan es afirmada de múltiples formas: *pan del cielo, pan de los ángeles, pan suprasubstancial, viático.*

El término más común, *misa* o *santa misa,* proviene de la fórmula con la que reciben los fieles la despedida al final de la celebración *(Ite, missa est).*

II. AFIRMACIÓN DEL TÉRMINO «EUCARISTÍA»

1. **Evolución de la terminología**

Los textos evangélicos nos permiten comprender la evolución de la terminología que ha llevado a la formación del término «eucaristía», para indicar la plegaria de Jesús durante la Última Cena y el conjunto del rito instituido por él.

En las narraciones de Marcos (14,22) y de Mateo (26,26), la plegaria de Jesús para la consagración del pan se recuerda como plegaria de bendición. El participio usado en el texto *(eulogèsas)* significa literalmente: «Habiendo bendecido». Tomando el pan, Jesús pronuncia la bendición, según la costumbre hebrea.

Para definir el sentido de esta plegaria, debemos decir que no es tanto una bendición del pan cuanto una bendición sobre el pan. En el vocabulario religioso de los hebreos, la bendición significaba, por una parte, la benevolencia con la que Dios colmaba al pueblo con sus beneficios y, por otra, el homenaje del pueblo que bendecía a Dios por todo lo que recibía de él. La oración antes y después de la comida consistía en una bendición (cf. J. JEREMIAS, *Las palabras de la Última Cena,* 1973).

Encontramos un ejemplo en la narración de la multiplicación de los panes. Jesús «tomó los cinco panes y los dos peces, levantó los ojos al cielo, pronunció la bendición (eulogèsen), partió los panes...» (Mc 6,41; cf. Mt 14,19; Lc 9,16). Como la multiplicación de los panes es el milagro que anuncia la Eucaristía, la oración que precede al milagro nos ha llegado como un preludio de la que precedió a la institución de la Eucaristía. Es una bendición, una «eulogia», no reconocida todavía como «eucaristía».

Habríamos podido pensar, por tanto, que la plegaria pronunciada durante la Última Cena hubiera sido también ella una «eulogia» o bendición, según la usanza hebrea. Esta espera podría haber podido justificar, además, el hecho de que Jesús eligiera como cáliz de su sangre el tercer cáliz de la cena pascual, llamado «cáliz de bendición». San Pablo alude a ello expresamente: «El cáliz de nuestra Acción de Gracias, ¿no nos une a todos en la sangre de Cristo?» (1 Cor 10,16). Aquel cáliz podría haber dado su nombre al rito de comunión con la sangre de Cristo, confiriéndole el apelativo de «bendición» o «eulogia».

Parecería que Marcos y Mateo quisieran introducir precisamente este apelativo en su versión de la plegaria de Jesús para la consagración del pan. Sin embargo, tampoco estos dos evangelistas se detienen en una interpretación de dicha plegaria en términos de «eulogia»; se refieren a la plegaria para la consagración del cáliz como a una plegaria «eucarística»: «después de haber dado gracias» *(eucharistèsas).*

Hay, por tanto, un paso de la «eulogia» a la «eucaristía». Pablo, aun hablando del cáliz de la bendición, se sirve únicamente del verbo «dar gracias» *(eucharistein)* para definir la plegaria de Jesús en la narración de la institución del sacramento (1 Cor 11,24). Lo mismo hace Lucas (22,17).

Constatamos, pues, que, desde los primeros testimonios sobre la institución, no obstante el punto de partida que se sitúa en la plegaria hebrea de bendición, la oración de Jesús durante la Última Cena recibe una nueva calificación que le confiere un carácter específico y no consiente ya asimilarla a la liturgia hebrea. Tal calificación es la de «eucaristía».

Después, la *Didaché* llama «eucaristía» no sólo a la oración de acción de gracias pronunciada por Jesús, sino también al rito en su conjunto: «Reunidos en el día del Señor, el domingo, partid el pan y dad gracias, después de haber confesado vuestros pecados» *(Didaché* 14,1). Más tarde, san Justino conserva sólo el verbo *eucharistein,* cuando recuerda la tradición de los Evangelios sobre el mandato de Jesús a sus discípulos durante la Última Cena: «Nosotros enseñamos que la comida es la carne y la sangre del mismo Jesús que se ha encarnado, alimento sobre el cual se pronuncia la acción de gracias con la misma palabra de oración venida de él» (Justino, *Apología* 66,2). Luego, la Eucaristía significa, pues, más exactamente la transformación acontecida en el pan y en el vino. La acción de gracias es considerada como una súplica eficaz, gracias a la cual el pan y el vino se convierten en carne y sangre de Cristo.

2. Novedad de la acción de gracias

Empleando el término «acción de gracias» para describir la oración de Jesús durante la Última Cena, los cristianos quisieron subrayar la novedad, que era demostrada por una eficacia maravillosa. Ninguna «bendición» hebrea había tenido una eficacia tan admirable. El pan y el vino convertidos en cuerpo y sangre de Cristo testifican el poder transformador de su oración y de su palabra.

La novedad no consistía sólo en la eficacia. Se expresaba a través de una actitud específica, la de la acción de gracias, que no equivale a bendición. Mientras el hebreo antiguo no disponía de un término propio para expresar el sentimiento de reconocimiento (cf. C. Giraudo, *La struttura litteraria della preghiera eucaristica,* Pontificio Istituto Biblico, Roma 1981, p.264), la plegaria de Jesús pone el acento en este sentimiento.

La plegaria de bendición de los Hebreos favorecía una actitud de alabanza, de la que los Salmos nos transmiten expresiones notables. La alabanza celebra las maravillas de Dios y le exalta precisamente en cuanto que el ser humano se siente infinitamente superado por la trascendencia y la omnipotencia divinas. Tanto más grande aparece la distancia entre Dios y lo creado cuanto más se eleva con ardor la alabanza.

También la acción de gracias tiende a reconocer la grandeza de las maravillas divinas, pero volviendo los ojos, sobre todo, hacia lo que la pobreza humana recibe de estas maravillas. Antes que subrayar la distancia, busca admirar la comunicación de riquezas divinas a las criaturas. Desea rendir homenaje a Dios por su generosidad, dándole gracias. No es menos consciente de la trascendencia divina, pero subraya el estupor por el abajamiento de aquella trascendencia hacia el mundo para derramar sus beneficios.

La acción de gracias se desarrolla cuando Dios se acerca al hombre para establecer con él un régimen de alianza y de comunión. Ya en la antigua alianza estaba presente una invitación a reconocer la bondad divina que se manifestaba de modo especial en favor del pueblo elegido. Pero el acento era puesto, frecuentemente, sobre el aspecto temible de la soberanía de Dios, en conflicto con un pueblo pecador. En la nueva alianza la perspectiva del destino humano es cambiada profundamente por la apertura total y definitiva del amor de Dios a la humanidad. El gesto soberano con que el Padre entrega a su Hijo no puede suscitar el temor y no puede ser acogido más que con la alabanza. Debe provocar la acción de gracias.

Esta acción de gracias recibe su expresión original y más perfecta de Cristo mismo. Por un lado, Jesús reconocía en toda su importancia y su valor el don hecho por el Padre a la humanidad; él habla con frecuencia del Padre, precisamente para hacer apreciar su solicitud, en las numerosas manifestaciones de su bondad. Él desea comunicar a sus discípulos la propia admiración y gratitud por todo lo que recibe del Padre. Vive en actitud de acción de gracias y lleva a los discípulos a hacer otro tanto.

Por otro lado, en el impulso de gratitud que lo eleva hasta el Padre, Jesús aspira a responder al amor del Padre con la plenitud de su amor filial. El «gracias» tiende a restituir, a quien nos colma de bienes, algo de cuanto hemos recibido. En su calidad de Hijo de Dios encarnado, sólo Jesús puede restituir al Padre todo lo que recibe de él y presentarle un amor igualmente intenso como aquel del cual él mismo es objeto. Mientras que para todos los demás hombres el homenaje de reconocimiento queda necesariamente limitado, considerablemente inferior a lo que ha sido recibido, el Hijo está en grado de rendir integralmente al Padre todo lo que ha recibido de él. Al don total del Padre responde el don total del Hijo.

Por esto, en la acción de gracias, Jesús dirige al Padre una ofrenda que compromete toda su persona. La plegaria de acción de gracias confiere al ofrecimiento su pleno valor. Todo lo que ha sido recibido del Padre es restituido al Padre a través de una ofrenda integral.

III. LA ACCIÓN DE GRACIAS EN LA VIDA DE JESÚS

1. **Preparación para la Eucaristía**

La actitud íntima de gratitud no fue improvisada en el momento de la Última Cena para expresarse en la plegaria que precedió a la consagración del pan y del vino. Era una disposición peculiar de la actitud filial de Jesús; se había desarrollado y manifestado en el curso de su vida pública y en el cumplimiento de su misión.

El himno de júbilo

El himno de júbilo está contenido en una explosión de entusiasmo con la que Jesús quiere rendir homenaje al Padre por la revelación reservada a los pequeños: «Te doy gracias, Padre, Señor del cielo y de la tierra, porque has escondido estas cosas a los sabios y entendidos, y se las has revelado a la gente sencilla. Sí, Padre, porque así te ha parecido mejor» (Lc 10,21).

En Jesús, la gratitud no es un sentimiento de reconocimiento que sube simplemente del hombre hacia

Dios; brota de la persona divina del Hijo que, en su existencia terrena, se dirige al Padre.

Ésta es la razón por la cual, entre los cristianos, la acción de gracias no será simplemente un movimiento de la naturaleza humana sino que deberá estar inspirada por el Espíritu Santo, que es quien hace partícipes a los creyentes del impulso de gratitud del Hijo, y hace llegar su homenaje al Padre.

La resurrección de Lázaro

La resurrección de Lázaro es la ocasión para una plegaria de acción de gracias que confirma la importancia de tal disposición en la vida íntima de Jesús: «Padre, te doy gracias porque me has escuchado» (Jn 11,41).

Nos asombra esta oración hecha antes de que acontezca el milagro. Se diría que la acción de gracias de Jesús tuviera la finalidad de provocar el milagro, como más tarde la acción de gracias de Jesús provocará los innumerables milagros que se realizarán gracias a la Eucaristía.

El Evangelio de san Juan, tomando las palabras de Jesús, ha querido clarificar el sentido para responder a la dificultad que podían suscitar: ¿habría sido posible que Jesús no fuera escuchado en su oración al Padre? «Yo sé que tú me escuchas siempre; pero lo digo por la gente que me rodea, para que crean que tú me has enviado» (Jn 11,42). Precisamente porque está seguro de ser escuchado, Jesús pronuncia la acción de gracias antes de suscitar, con las palabras de la consagración, el milagro representado por la presencia de su cuerpo y de su sangre.

Quiere que la muchedumbre oiga su plegaria de acción de gracias antes de la resurrección de Lázaro, porque se trata del milagro más grande y más impresionante de su vida pública, el milagro que anuncia del modo más sugestivo su misma resurrección. Antes de realizar el milagro, ordenando a Lázaro salir de la tumba, quiere hacer comprender que no se limita a actuar con autoridad propia: implora al Padre para recibir de él la fuerza para obrar el milagro y por esto le dirige la acción de gracias. Poniendo de relieve esta relación con el Padre, da a entender que, lo mismo que se verifica en el más grande de los milagros, así sucede también en todos los demás: todos derivan de un gesto soberano del Padre, todos son recibidos de él.

Además parece que en esta acción de gracias por la resurrección de Lázaro se anticipa en cierto modo la acción de gracias de Jesús por su misma resurrección. Un agradecimiento que no podrá ser pronunciado sobre la tierra, porque Cristo resucitado se encontrará en el estado de vida celestial. Así como la resurrección de Lázaro prefiguraba la del Salvador, así la acción de gracias pronunciada ante la tumba de Lázaro se adelantaba al milagro que coronó el drama de la redención.

2. En el momento de la institución

Las manifestaciones de agradecimiento antes de la Última Cena nos ayudan a comprender mejor la profundidad de la acción de gracias en el momento de la institución de la Eucaristía.

Las palabras que lo recuerdan son muy breves y pueden parecer banales: «después de haber dado gracias»; en la celebración eucarística, su repetición tal vez pudiera pasar inadvertida. Pero la oración dirigida en aquel momento por Cristo al Padre está animada con todo el ímpetu de acción de gracias que había madurado ya en el alma de Jesús.

La brevedad del recuerdo debe ser completada por las indicaciones que nos deja el Evangelio de Juan sobre la Última Cena y por algunas palabras de Jesús que iluminan el significado de la Eucaristía.

Aunque no trae la narración de la institución de la Eucaristía, que encontramos en los otros evangelistas y en san Pablo, el evangelista Juan nos introduce lo más hondo posible en el estado de ánimo de Jesús en el momento de la cena: «Sabiendo Jesús que había llegado la hora de pasar de este mundo al Padre, habiendo amado a los suyos que estaban en el mundo, los amó hasta el extremo» (Jn 13,1). Conocía la intención de Judas de traicionarlo, pero era consciente de una verdad mucho más importante: sabía «que el Padre había puesto todo en sus manos, que venía de Dios y a Dios volvía» (13,3).

Esta conciencia de haber recibido todo del Padre es esencial en la acción de gracias. Para poder agradecer al Padre con toda la sinceridad del corazón, es necesario saber qué nos ha dado. Podemos apreciar el don divino sólo en cuanto lo constatamos en nuestra vida. Jesús conocía todo el poder del que disponía; reconocía que le venía del Padre; el Padre había puesto todo en sus manos y por tanto a él subía su gratitud. En calidad de Hijo, había recibido todo lo que poseía el Padre; la generosidad del Padre se había manifestado sin reserva alguna. Jesús sabía, además, que había venido del Padre y debía volver a él. Al final del discurso tenido durante la cena, afirma claramente: «Salí del Padre y he venido al mundo, otra vez dejo el mundo y me voy al Padre» (Jn 16,28). Esta conciencia y este deseo de volver al Padre constituyen un aspecto esencial de la acción de gracias, como se expresa en la Eucaristía.

Volviendo al Padre, el Hijo puede restituirle todo lo que ha recibido de él.

Con este retorno puede expresar su gratitud bajo la forma de un ofrecimiento total. Como Hijo, que tiene una relación de igualdad con el Padre, con su ofrecimiento puede restituir al Padre todo lo que él le ha dado. Él es el único capaz de una acción de gracias en la que el ofrecimiento no es inferior a la plenitud recibida.

En este ofrecimiento, compromete un amor que va hasta el final, alcanzando su desarrollo extremo en el sacrificio. El ofrecimiento le permite, en la Eucaristía, hacer el don de su carne y de su sangre, le permite hacerse de nuevo presente entre los hombres. Pertenece realmente a la naturaleza de la acción de gracias eucarística. Sería insuficiente concebir la acción de gracias viendo sólo la expresión de un sentimiento de gratitud. Podemos entender por qué el Concilio de Trento excluye que se pueda definir el sacrificio de la Misa sólo como un sacrificio de alabanza y de acción de gracias, o como simple conmemoración del sacrificio de la cruz, sin valor propiciatorio. Es necesario concebir la acción de gracias en la plenitud del significado y del valor que asume con el sacrificio de Cristo. Es la respuesta al don del Padre, que consiste en una ofrenda propiciatoria que obtiene la reconciliación de la humanidad pecadora con Dios.

Esta acción de gracias comporta, por tanto, la máxima generosidad por la implicación del Salvador en la ofrenda redentora. Todo lo que el Padre ha dado al Hijo en la Encarnación tiene como objetivo la obra de la salvación; todo lo que el Hijo ofrece en respuesta al Padre está destinado al cumplimiento de su misión. La acción de gracias deriva del don primordial del Padre y realiza la travesía de la ofrenda que sube hasta él.

3. Intensidad del impulso del Hijo hacia el Padre

La plegaria de acción de gracias, con ocasión de la institución de la Eucaristía, fue la expresión última de la disposición interior de Jesús, realizada durante toda su vida terrena. Expresaba su conciencia de haber recibido todo del Padre y la voluntad de volver a él a través de la ofrenda de su sacrificio.

No era sólo la expresión de un sentimiento de gratitud. Provenía del alma filial de Jesús, dispuesta al don absoluto de sí, como respuesta al don total del Padre que había confiado todo en las manos del Hijo único. Ello expresaba la fuerza de esta acción de gracias, totalmente inserta en el drama de la redención, y en grado de asegurar plena eficacia al sacrificio. Toda la intensidad del impulso del Hijo hacia el Padre, que se había desarrollado durante su existencia terrena, se manifestaba para dar un sentido superior a la ofrenda del pan y del vino, que llegaban a ser ofrenda del cuerpo y de la sangre.

Este impulso filial de acción de gracias tenía su origen en el misterio eterno de la Trinidad, en el cual, según la afirmación de san Juan (1,1), «En el principio ya existía la Palabra y la Palabra estaba junto a Dios». Desde toda la eternidad el Hijo estaba junto al Padre, en un permanente e inagotable dinamismo. Este dinamismo del Hijo al lado del Padre es el que dominó el plan de la Encarnación y el que suscitó en el alma humana de Jesús el movimiento de acción de gracias. En aquella acción de gracias estaba envuelto todo el dinamismo de la fuerza divina. La oración eucarística brotaba del amor del Hijo al Padre.

Así pues, no sin razón, en la institución de la nueva cena los cristianos reconocieron la importancia esencial de la acción de gracias y llamaron Eucaristía a la comida ofrecida por Jesús a sus discípulos. Éstos vieron en el impulso de acción de gracias del Hijo hacia el Padre la fuerza secreta que transformaba el pan y el vino en el cuerpo y sangre del Salvador.

4. Función del Espíritu Santo en la acción de gracias

En la acción de gracias de Jesús debemos reconocer no sólo la fuerza de la persona divina del Hijo de Dios, que se eleva hacia el Padre, sino también la presencia del Espíritu Santo.

Como hemos visto, esta presencia es la que evidencia el Evangelio de Lucas (10,21) cuando recoge el himno de júbilo: Jesús tiene un estremecimiento de alegría en el Espíritu Santo. Mientras que el Evangelio de Mateo (11,25) se limita a referir las palabras con que Jesús alaba y da gracias al Padre por la benevolencia manifestada en relación con los más pequeños, Lucas llama la atención, sobre todo, respecto a las disposiciones íntimas del Maestro, el entusiasmo que sostiene su oración hacia el Padre y especialmente sobre el Espíritu Santo que suscita este entusiasmo.

En particular, Lucas es el evangelista que más ha insistido en la acción del Espíritu Santo en toda la vida terrena de Jesús. En la acción de gracias, esta función no se explica sólo por el hecho de que el Espíritu significa soplo e inspira las disposiciones de entusiasmo, sino más bien porque es la persona divina que une al Hijo con el Padre. El Espíritu Santo anima el impulso filial con que el Hijo encarnado hace al Padre el homenaje de su persona.

Podemos recordar también cómo la Carta a los Hebreos subraya el aspecto trinitario del sacrificio redentor: «Cristo, que, en virtud del Espíritu eterno, se ha ofrecido a Dios como sacrificio sin mancha» (9,14). La ofrenda del Hijo en la cruz es llevada al Padre por el Espíritu Santo. Este Espíritu es llamado eterno por la «redención eterna» que él opera.

Tanto en la ofrenda como en la acción de gracias, el trayecto que va del Hijo al Padre pasa a través del Espíritu Santo. En realidad, como hemos subrayado a propósito de la acción de gracias de la Última Cena, esto implica la ofrenda y se expresa en la ofrenda del sacrificio redentor, a través del retorno integral al Padre. Comprendemos, entonces, el papel esencial desarrollado por el Espíritu Santo en el misterio eucarístico; él garantiza el cumplimiento de la ofrenda en la acción de gracias.

IV. LA ACCIÓN DE GRACIAS EN LA VIDA CRISTIANA

1. Influjo en toda la vida cristiana

Si debemos reconocer en la Eucaristía la influencia decisiva de la acción de gracias de Jesús, entonces toda la vida cristiana debe estar orientada en esta dirección. Indudablemente, la intención de Cristo fue la de desarrollar en su Iglesia un clima de acción de gracias. La celebración eucarística debe favorecer en los participantes las disposiciones de gratitud. Y, además de la celebración, se pide un esfuerzo para estimular en general aquellos pensamientos, sentimientos y actitudes que la acción de gracias comporta.

La «Eucaristía» no debe ser sólo un nombre, el nombre de un sacramento, sino una realidad que se realiza en todos los aspectos de la existencia y del comportamiento. Es la realidad que se formó en Jesús y que debe modelar el modo de pensar y de vivir de quienes creen en él.

2. Espíritu y mirada de acción de gracias

Las relaciones entre Dios y la humanidad tienen necesidad de un espíritu de acción de gracias para desarrollarse armoniosamente. En el momento en que Jesús se compromete en la prueba más dura, que le había de hacer sentir todo el dolor de una condena injusta y las humillaciones y los sufrimientos del suplicio de la cruz, quiere dar pleno valor a la acción de gracias. En vez de acusar al Padre que le había mandado aquella prueba, le da gracias expresamente por todo lo que ha recibido y recibía de él. A través de la institución de la Eucaristía, quiere compartir con todos los hombres el homenaje con el que reconocía todo lo que había recibido y llamar su atención sobre la bondad inmensa que guiaba el destino del universo.

Sin duda, en su clarividencia, Jesús tenía plena razón al señalar a la acción de gracias para llevar a la humanidad por este camino. Su ejemplo anima a todos cuantos están aplastados por la prueba a levantar la mirada hacia lo alto para descubrir en el Padre a Aquel que merece la acción de gracias por todos sus beneficios. El Cristo de la Última Cena ayuda a los creyentes a descubrir una benevolencia divina que no cesa de colmar a los hombres con sus dones, frecuentemente ignorados y poco apreciados. Desarrolla una mirada «eucarística».

Esta mirada comporta, al mismo tiempo, una liberación. Libera al espíritu humano de la obsesión que puede crear la constatación de toda suerte de males;

no consiente al corazón dejarse aprisionar o paralizar por las fuerzas del mal, que se manifiestan en las relaciones sociales. La visión de cuanto acaece en el mundo podría inducir al pesimismo y hacer perder de vista la fuerza victoriosa de la obra redentora.

Sólo la mirada de acción de gracias hace descubrir la inmensidad del amor divino que vence a todas las fuerzas del mal. Es manantial de un sano optimismo, que evita los juicios demasiado inclinados a la condena, y demostrando la bondad superior del cielo, permite discernir mejor los aspectos estimulantes de los comportamientos humanos. Es fuente de la verdadera esperanza, esperanza que tiene su fundamento en la intención esencialmente salvadora del Padre y en la puesta en acción de todos los medios para realizarla.

Cristo, que tiene esta mirada de acción de gracias en el momento de afrontar el drama redentor, lo comunica a los hombres en todo momento, pero sobre todo en la hora del dolor. A través de la celebración de la Eucaristía quiere difundirlo entre la humanidad enviando a sus testigos. Los discípulos son testigos de su acción de gracias, es decir, testigos de un amor que se hace reconocer a través de la generosidad de sus dones y en la ofrenda que suscita tal generosidad.

CAPÍTULO IV

JESÚS REALMENTE PRESENTE, SEGÚN SUS PALABRAS

Lo que distingue a la Eucaristía de los otros sacramentos es el hecho de que el mismo Cristo está presente en ella con su cuerpo y con su sangre. El efecto de las palabras de la consagración no es el de comunicar simplemente una gracia particular, sino el de hacer presente a Aquel en quien toda gracia tiene origen.

I. LA REALIDAD DEL CUERPO Y DE LA SANGRE

A través de la realidad del cuerpo y la sangre de Cristo, cuerpo y sangre ofrecidos en alimento y bebida, la Eucaristía se presenta como un misterio que supera todas las evidencias sensibles. La afirmación de la presencia del cuerpo y de la sangre, pues los participantes en la celebración pueden ver sólo el pan y el vino, puede ser aceptada sólo a través de una adhesión de fe. La Eucaristía impone la necesidad de creer lo que no se ve. Tal necesidad suscita inevitablemente preguntas y exige una indicación más clara de las razones para creer. Se trata, sobre todo, de clarificar el sentido y el fundamento de lo que es definido como presencia real: este sentido y este fundamento han sido objeto de una reflexión continua en la elaboración de la doctrina de la Iglesia.

En esta reflexión no podemos olvidar nunca el punto de partida, que está constituido por las palabras pronunciadas por Jesús. Hemos recordado ya los testimonios de Pablo y de los Evangelios que nos han transmitido estas palabras. Ahora se trata de estudiar más a fondo su significado para verificar la realidad del cuerpo y de la sangre del Salvador como ha sido formulada por el mismo Cristo.

1. Afirmación de esta realidad

Verosímilmente, tomando el pan, Jesús dijo en arameo: «Esto, mi carne», es decir: «Esto es mi carne».

En el lenguaje arameo, el verbo «ser» era omitido; pero esta omisión no debilita absolutamente la fuerza de la afirmación. La verdad de la presencia real no depende del uso del verbo «ser». Podemos observar también que en otras lenguas, como el español, por ejemplo, las palabras «he aquí mi carne», en las que el verbo «ser» está ausente, significan la presencia real de la carne.

En la traducción griega, que ha querido dar fielmente el sentido a la fórmula aramea, el verbo «ser» está expresado: «Esto es mi cuerpo». Las narraciones evangélicas nos traen esta traducción, que había entrado en el uso litúrgico de los cristianos de lengua griega. Ésta no deja ninguna duda sobre la presencia real del cuerpo de Cristo.

También la fórmula usada para la consagración del vino comporta la afirmación de la realidad de la sangre. La afirmación es evidente en la versión de Marcos (12,42) y de Mateo (26,28): «Esto es mi sangre, sangre de la alianza...». Es evidente también en la versión de Pablo (1 Cor 11,25): «Este cáliz es la nueva alianza en mi sangre», y en la versión de Lucas (22,20), aunque en esta última falta el verbo «ser». La presencia de la sangre de Cristo está indicada como contenido del cáliz, llegando a ser un signo de la alianza en el sacrificio.

2. **«Mi carne»**

Siguiendo las indicaciones de las narraciones evangélicas, habríamos podido pensar que Jesús no hubiera empleado el término «carne», sino «cuerpo». Estas narraciones, de hecho, nos traen la fórmula: «Esto es mi cuerpo». Se trata de una traducción griega y el problema está en saber cuál fue el término arameo usado por Jesús.

Todo lleva a creer que se trata del término «carne». Efectivamente, «carne» es el término semítico usado en paralelo con «sangre»; en la Biblia encontramos siempre el binomio carne y sangre, y nunca el de cuerpo y sangre. Jesús mismo usa la expresión «la carne y la sangre» para indicar lo que es humano, en oposición a lo que es revelado por el Padre (Mt 16,17).

El Evangelio de Juan confirma este uso del término «carne» en el contexto eucarístico. Trae la declaración fundamental en la cual carne y sangre están indisolublemente unidas: «Os aseguro que, si no coméis la carne del Hijo del hombre y no bebéis su sangre, no tenéis vida en vosotros» (Jn 6,53). La expresión «la carne del Hijo del hombre» tiene un sabor semítico particular que nos lleva más claramente al lenguaje de Jesús, desde el momento en que Jesús tenía la costumbre de designarse a sí mismo como «el Hijo del hombre» cuando quería expresar su origen divino y su misión. Hablando de la carne del Hijo del hombre, quería hacer entender que su cuerpo no era dado en comida como el cuerpo de un hombre ordinario viviente sobre la tierra; su carne podía ser dada como alimento sólo en fuerza del destino glorioso asignado al Hijo del hombre. Después, para clarificar el sentido del anuncio eucarístico, definirá su carne como la carne del Hijo del hombre vuelto a la gloria celeste a través de la Ascensión (Jn 6,62).

Esta carne del Hijo del hombre no es otra cosa que la carne de Jesús, de modo que la misma afirmación de su poder de dar la vida se expresa a través de las palabras «mi carne»: «El que come mi carne y bebe mi sangre, tiene vida eterna, y yo lo resucitaré en el último día» (Jn 6,54).

La declaración es muy próxima a las narraciones de la institución de la Eucaristía: «comer mi carne» y «beber mi sangre» corresponden a las palabras «Comed: esto es mi cuerpo; bebed: esto es mi sangre», con la diferencia de que el término usado es «carne» *(sarx)* y no «cuerpo» *(soma)*. Creemos que el autor del Evangelio, narrando la institución que no ha insertado en el relato de la Última Cena, habría atribuido a Jesús las palabras siguientes: «Comed: esto (es) mi carne», «Bebed: esto (es) mi sangre».

La expresión «mi carne» se usa con insistencia en la justificación de la invitación a comer y beber: «Porque mi carne es verdadera comida y mi sangre verdadera bebida» (Jn 6,55). Esto explica mejor por qué Jesús no habla del pan ni del vino. Toda la realidad del alimento se encuentra en su carne y toda la realidad de la bebida se encuentra en su sangre.

Este uso del término «carne» en la fórmula de la consagración está implícito también en la interpretación: «El pan que yo daré es mi carne, para la vida del mundo» (Jn 6,51). El término «pan» aquí viene pronunciado, pero no en el sentido ordinario del término, ni para designar el pan material que sirve como signo de la celebración eucarística. Se trata del «pan vivo, bajado del cielo», que es Jesús mismo. Pan viene usado como sinónimo de alimento.

La afirmación «es mi carne» no confirma sólo que Jesús se expresó así en la Última Cena, sino que indica también la fórmula en su versión más completa: «mi carne para la vida del mundo» significa la carne dada u ofrecida por la salvación de la humanidad, o también, en paralelo con lo que se dice de la sangre «derramada por muchos», la carne sacrificada por muchos, por la multitud humana. La indicación de esta finalidad es esencial: la carne de Cristo es dada como alimento en virtud del sacrificio ofrecido por el mundo.

II. RIQUEZA DEL SIGNIFICADO DEL TÉRMINO «CARNE»

Las palabras «Tomad y comed. Esto es mi cuerpo» traducen correctamente las palabras arameas usadas por Jesús. En efecto, se trata esencialmente de la afirmación de la realidad del cuerpo, con la invitación a asumirlo como alimento. Es interesante, sin embargo, subrayar lo que la carne significaba según la mentalidad semítica. El hecho de que Jesús haya dicho «mi carne» proyecta una luz particular sobre el don que hacía de sí mismo en la comida eucarística.

La piedad cristiana ha querido expresar con mucho acierto en los versos de un famoso himno el «verdadero cuerpo» nacido de la Virgen María.

«Ave verum Corpus, natum ex Maria Virgine,
vere passum, immolatum in cruce pro homine,
cuius latus perforatum fluxit aqua et sanguine.
Esto nobis praegustatum mortis in exanime,
o Iesu dulcis, o Iesu pie, o Iesu filii Mariae».

«Salve, verdadero Cuerpo, nacido de María Virgen,
que has sufrido verdaderamente,
inmolado en la cruz por el hombre,

de cuyo costado perforado brotó agua y sangre.
Que podamos gustarte en el momento de la muerte,
oh Jesús dulce, oh Jesús piadoso, oh Jesús, Hijo de María».

La carne era la misma que Jesús había recibido de su madre. Diciendo «mi carne», era consciente de dar a la humanidad lo que la Virgen, gracias a la intervención maravillosa del Espíritu Santo, le había dado en el momento del nacimiento. Es una carne virginalmente concebida y que, por tanto, tiene un valor excepcional, que viene propuesto en la Eucaristía.

Se comprende mejor también el carácter singular. Se trata de una carne que de forma única tiene un origen absolutamente puro, una carne que desciende del cielo para restaurar la carne de todos los hombres. Es verdad que, hablando de carne, Jesús pensaba en la condición humana que compartía con toda la humanidad; pero como muestra el nacimiento virginal, la carne asume en Cristo un significado nuevo. Es una carne que fue formada de manera excepcional para instaurar un nuevo mundo de carne.

1. **Presencia personal**

El término «carne» no tiene un sentido tan circunscrito como para limitarse sólo al cuerpo propiamente dicho. Tiende, con frecuencia, a indicar el ser viviente en su conjunto, sin la preocupación de hacer distinción entre las propiedades del cuerpo y las del alma. Por tanto, puede ser usado para significar toda la persona, aunque vista bajo un aspecto de debilidad.

A la carne se le atribuyen las aspiraciones más profundas de la persona. Deseo de la carne y deseo del alma se identifican en el Salmo 63,2: «Mi alma está sedienta de ti; mi carne tiene ansia de ti». La carne grita su gozo por encontrarse en la presencia de Dios: «Mi alma se consume y anhela los atrios del Señor, mi corazón y mi carne retozan por el Dios vivo» (Sal 84,3). La expresión bíblica «toda carne» puede aplicarse a toda la humanidad: «Toda carne había pervertido su conducta sobre la tierra» (Gén 6,12). Se puede traducir también por «la gente», que tenía una conducta perversa. Con esa expresión, «toda carne», son acusadas de perversión todas las personas que vivían en la tierra.

Diciendo: «Esto (es) mi carne», parece que Jesús quiere expresar la implicación de toda su persona, el don que hace de sí mismo dando su carne en alimento. Naturalmente esta carne significa una realidad física, pero en el don de esta realidad se manifiesta un don más completo y más elevado, el de la persona del Hijo de Dios.

Es significativo que en las palabras del discurso de anuncio de la Eucaristía se encuentren como expresiones equivalentes: «Quien come mi carne y bebe mi sangre» (Jn 6,54) y: «Quien me come» (Jn 6,57). Comer la carne de Cristo es comer a él mismo, precisamente porque el don de su cuerpo comporta el don de su persona. La carne no debe ser entendida como la simple realidad corpórea separada del alma y de la persona. Ella llega a ser alimento e implica, por parte de Cristo, el don de todo él mismo. Jesús no duda en decir: «Quien me come», demostrando así hasta qué punto explica el abajamiento y el servicio, haciéndose alimento de aquellos a quienes quiere comunicar su vida.

Cuando explica la naturaleza de la comida que quiere dar a la humanidad, afirma con vigor esta presencia personal. Afirmando con decisión que, desde ahora en adelante, se trata de comer la carne del Hijo del hombre y de beber su sangre, se presenta a sí mismo, en su persona, como alimento que da la vida.

Se llama a sí mismo «pan del cielo», «pan de Dios», «Porque el pan de Dios es el que baja del cielo y da vida al mundo» (Jn 6,33). Su discurso se iniciaba con la afirmación de que la comida que dura para la vida eterna, es el Hijo del hombre quien la da (Jn 6,27). Este don de la comida coincide con el don de la persona, porque es el pan dado por el Padre, y este pan es el Hijo mismo, don esencial hecho por el Padre a la humanidad. Jesús es el pan bajado del cielo; es él quien, a través de la Eucaristía, da la vida al mundo. Es muy significativa la afirmación: «Yo soy el pan de vida» (Jn 6,35.48), porque pone de relieve que Jesús no da sólo el pan de la vida eterna, sino que ese pan es él mismo. Según el contexto, que recuerda el pan del cielo dado por Moisés al pueblo del desierto, Jesús quiere subrayar que él realiza en su persona lo que en la antigua alianza prefiguraba el maná. El maná no era más que una figura; no era realmente el pan del cielo, como se dice expresamente: «No fue Moisés quien os dio pan del cielo, sino que es mi Padre el que os da el verdadero pan del cielo» (Jn 6,32). Toda la realidad del pan del cielo se encuentra en Jesús, es él quien cumple en su persona lo que había sido anunciado con la figura del maná.

El acento puesto sobre la identidad del alimento eucarístico con la persona de Jesús es tanto más vigoroso cuanto la expresión «Yo soy» es la fórmula característica con la que Jesús deja entender que su mismo nombre es el de Dios y que su ser equivale al ser absoluto. Define una propiedad fundamental de este ser: pan de la vida, es decir, alimento que procura la vida divina.

La insistencia del Evangelio de Juan sobre la carne dada en alimento no impide una mirada más atenta al ser divino «envuelto» en el don de esta carne. El elemento primordial en la Eucaristía es «envolvimiento» de la persona del Hijo. La afirmación «Yo soy» y «soy yo» *(Ego eimi)* precede a la afirmación «Esto (es) mi carne» y esclarece todo su valor.

Es la carne la que, específicamente, se da en alimento, y en el don de la carne se manifiesta el don de la persona de Cristo. Por esto los creyentes están invitados a reconocer en la presencia del cuerpo una presencia personal. En su modo semítico de hablar, Jesús decía «mi carne» para hablar de toda su persona. En su conciencia de ser Hijo del Padre, consideraba a su carne como la propiedad excepcional de su persona divina.

Usando la expresión «la carne del Hijo del hombre» (Jn 6,53), hacía referencia con mayor intención al misterio de su persona en el cumplimiento de su misión. El alimento de vida eterna es dado por el Hijo del hombre, «pues a éste lo ha sellado el Padre, Dios» (Jn 6,27). El signo del sello es la garantía de autenticidad que se manifiesta en el episodio del bautismo con el descendimiento del Espíritu Santo y continúa produciendo sus efectos a través de los milagros, signos de la aprobación celeste. Esta garantía atestigua que el Hijo del hombre dispone de la vida eterna y tiene el poder de comunicarla a través de la Eucaristía.

En la afirmación de la realidad de la carne ofrecida en alimento, la presencia personal de Cristo juega un papel esencial. Es el Hijo de Dios el que está presente en la carne y quien le comunica su poder nutritivo.

III. EUCARISTÍA Y TRINIDAD

1. **Función y presencia del Padre**

La enseñanza enunciada por Jesús en el discurso traído por san Juan no se limita a la afirmación de la presencia personal de Cristo. El Hijo está presente en la Eucaristía porque el Padre lo ha enviado. Al Padre se eleva la iniciativa del don de la Eucaristía. Es verdad que la iniciativa entera de la obra de salvación le pertenece a él: él es quien está en el origen de la Encarnación redentora y de su prolongación en el desarrollo de la Iglesia. Pero la iniciativa de la comida eucarística debe ser atribuida a él por un título todavía más especial: porque en la calidad de Padre entra la función de alimentar a sus hijos. La oración al Padre, enseñada por Jesús a los discípulos, contiene la petición del pan cotidiano.

El Padre es quien da el alimento a la humanidad dando a su mismo Hijo. Sólo él podía dar a su Hijo, y haciendo este don, ha dado el alimento más excelso que puede responder a las necesidades espirituales de la vida humana. Poniendo su carne a disposición de todos en la comida eucarística, Jesús no pierde de vista la acción generosa del Padre. Como en todo el cumplimiento de su misión, tenía conciencia de realizar la obra del Padre, en unión tan íntima con él, que puede decir: «El Padre que permanece en mí, él mismo cumple en mí sus obras» (Jn 14,10).

¿Podemos concluir de todo ello que, en la Eucaristía, además de la presencia personal de Cristo, se da una presencia análoga del Padre? Debemos admitir que entre el Hijo y el Padre existe la unión más completa: «Yo y el Padre somos uno» (Jn 10,30), es decir, un solo ser; son inseparables. El Padre, pues, debe ser visto siempre como origen primero de la Eucaristía.

Sin embargo, propiamente hablando, la presencia personal que se expresa en la Eucaristía es una presencia particular de la persona del Hijo. Cuando Jesús dice: «Esto (es) mi carne», afirma estar personalmente presente en el cuerpo dado en alimento. Es su «Yo soy» personal, su persona divina la que funda esta presencia de carne. Las palabras «mi carne» no se refieren a la persona del Padre, porque el Padre no se ha encarnado y no posee un ser carnal.

En la unión más total que caracteriza a las personas divinas existe una diferencia que hace singular la acción del Padre: sólo el Hijo se ha encarnado. Aunque la Encarnación fue obra de las tres personas divinas, la persona del Hijo es la única que se hizo carne, la única que asumió la carne como su propiedad. Ella es, por tanto, la única que da la propia presencia de carne.

Debemos reconocer tanto en la Eucaristía como en la Encarnación la intervención de las tres personas divinas. Pero la acción propia del Hijo tiene la peculiaridad de darse en su carne. La presencia personal que se comunica en la comida eucarística es, por tanto, presencia del Hijo encarnado.

El Padre obra en el sacramento, pero no con el mismo título, porque no ha asumido la carne humana. Su acción debe ser subrayada, como hace el mismo Jesús cuando afirma que el Padre es quien «os da el verdadero pan del cielo» (Jn 6,32). Sin embargo, esta acción no comporta, para el Padre, una presencia semejante a la del Hijo. Durante la vida terrena de Cristo, sólo la persona del Hijo ha venido al mundo. Sólo el Hijo ha tenido acceso, a través de la ofrenda del sacrificio, a un estado glorioso que para su cuerpo se ha manifestado en la Resurrección y en la Ascensión. Este estado glorioso es el que le permite darse en el sacramento a la humanidad para nutrirla con la propia vida. La presencia eucarística es, por tanto, propiedad de la persona del Hijo.

Naturalmente, en el misterio eucarístico la Trinidad no pierde nada de su unidad. El hecho de que la presencia eucarística sea exclusiva del Hijo no anula absolutamente la perfecta unión del Hijo con el Padre, unión que se desarrolla y se afirma en el don mismo de la Eucaristía. La Trinidad actúa todos los aspectos del misterio, pero en modo de dar valor a la presencia de la persona de Cristo en su carne, presencia que tiene un carácter específico suyo.

2. **Función y presencia del Espíritu Santo**

Cuanto hemos hablado de la acción de la Trinidad en el misterio eucarístico ayuda a comprender la función peculiar del Espíritu Santo. Hemos comentado ya la respuesta que daba ante la incomprensión de los oyentes que habían interpretado la invitación a comer la carne del Hijo del hombre como si se tratase de una carne dada como alimento en su estado terrenal: «El Espíritu es quien da vida» (Jn 6,63). Jesús subraya así que toda la capacidad vivificante de la Eucaristía se debe al Espíritu Santo; en la comida eucarística él da su carne que ha alcanzado su estado glorioso y está llena del Espíritu. Sin esta cooperación del Espíritu, la carne no tendría fuerza alguna para comunicar la vida espiritual, la vida eterna; por sí sola, «la carne no sirve para nada». Las *Constituciones Apostólicas* —cuya redacción última es de finales del siglo IV, pero que recogen un material mucho más antiguo— clarifican eficazmente la relación íntima que une entre sí a la Eucaristía y al Espíritu Santo. «Nosotros te pedimos», se lee en la epíclesis, «que dirijas una mirada benévola sobre estas ofrendas, que te presentamos, tú, oh Dios, que no necesitas de nada... Envía sobre este sacrificio tu Santo Espíritu, testimonio de los sufrimientos del Señor Jesús, para que el Espíritu manifieste en este pan el Cuerpo de tu Cristo y en este cáliz la Sangre de tu Cristo, a fin de que los que comulgan se confirmen en la fe, obtengan la remisión de los pecados, sean liberados del diablo y sus errores, y sean llenos del Espíritu Santo» *(Constituciones Apostólicas* 39, SC 336, p.151-217).

Surge, entonces, el problema: la acción del Espíritu Santo ¿no comporta quizá una presencia de su persona, que se asocia a la presencia de la persona de Cristo? Semejante asociación ¿no nos llevaría a ver la Eucaristía como sacramento de la presencia del Espíritu Santo, más que como sacramento de la persona del Salvador? Las dos presencias ¿no podrían aparecer casi en concurrencia, orientando la piedad eucarística en una doble dirección?

Realmente es necesario puntualizar la diferencia entre las dos presencias. La presencia propiamente eucarística permanece, fundamentalmente, presencia de Cristo y, más precisamente, del Hijo en su carne humana. El Espíritu Santo no instaura con la carne una unión semejante a la de la Encarnación: aun operando en el seno virginal de María la concepción del Hijo, no llega a ser carne, a diferencia del Verbo que, en cambio, se hace carne. Por tanto, su presencia en la Eucaristía no es de la misma naturaleza que la de Jesús. Él dice: «Esto (es) mi carne», mientras que el Espíritu Santo no puede decirlo.

El Espíritu Santo interviene en la realización de estas palabras; a través de él, Jesús, en la celebración eucarística, hace presente su cuerpo y su sangre. El Espíritu es quien llena la carne de vida divina y de poder divino y contribuye así de manera soberana a la eficacia de la Eucaristía; y esta carne, enteramente animada por el Espíritu, permanece carne de Cristo. El Espíritu Santo garantiza la realidad y el valor de una presencia divina que es la del Hijo encarnado.

La conjunción de las dos afirmaciones de Jesús expresa el carácter específico de su presencia eucarística: «Yo soy» y «Esto (es) mi carne». La afirmación «Yo soy» no bastaría, si la apartáramos de su contexto de vida humana, porque se limita a afirmar la identidad de su persona divina, identidad que se verifica también en el Padre y en el Espíritu e identidad del único ser divino. El «Yo soy» es expresión de identidad exclusiva de Jesús sólo sobreentendiendo la afirmación: «Esto (es) mi carne». La posesión personal de la carne es la que, en la obra de la salvación, distingue al Hijo de las otras dos personas.

La carne distingue en particular al Hijo y al Espíritu. La oposición entre carne y espíritu ha sido iluminada por san Pablo, que ha visto en ella una lucha entre la fuerza del pecado y la potencia del Espíritu Santo (cf. Gál 4,21-31; Rom 7,17s; 8,9s). Esta concepción peyorativa de la carne está superada en la fórmula eucarística empleada por Jesús. Diciendo: «Esto (es) mi carne», sellaba, en algún modo, la reconciliación de la carne y del Espíritu. Expresaba su presencia personal ligada a su condición carnal. Esta característica de la carne asegura la originalidad de la presencia eucarística. Esta presencia, más que oponerse al Espíritu, se abre a él y se llena de él.

Las dos presencias no están en concurrencia; no se dañan entre sí. La presencia eucarística es la de Cristo, con la característica propia de ser la presencia del Hijo encarnado. Ella mantiene siempre su carácter único; pero se enriquece con la presencia del Espíritu Santo, necesaria para dar a la carne una eficacia espiritual plena.

CAPÍTULO V

JESÚS REALMENTE PRESENTE, SEGÚN LA DOCTRINA DE LA IGLESIA

La presencia real del cuerpo y de la sangre de Cristo en la Eucaristía, claramente enunciada por las palabras de Jesús según los testimonios de los Evangelios y de san Pablo, en la Tradición de la Iglesia ha sido acogida como verdad de fe. Ha sido afirmada y comentada ampliamente en las enseñanzas de los Padres y, después del período patrístico, la doctrina se ha desarrollado con ocasión de algunas controversias a las cuales el concilio de Trento dio una respuesta definitiva.

I. EL CONCILIO DE TRENTO

1. Presencia real

El concilio de Trento define como verdad de fe la presencia real. En el Decreto sobre la Santísima Eucaristía (Ses. XIII), en el primer capítulo, afirma de forma clara y precisa: «En primer lugar, el sagrado concilio abierta y simplemente profesa que en el sacramento vivificador de la santa Eucaristía, después de la consagración del pan y del vino, nuestro Señor Jesús Cristo, verdadero Dios y verdadero hombre, está contenido verdaderamente, realmente y substancialmente bajo la especie de aquellas cosas sensibles» (DS 1636).

Los tres adverbios, «verdaderamente, realmente y substancialmente», no quieren tener un significado que los distinga uno del otro. Son usados simplemente para afirmar la realidad de la presencia. Los encontramos en el canon: «En el santísimo sacramento de la Eucaristía están contenidos verdaderamente, realmente y substancialmente el cuerpo y la sangre a la vez que el alma y la divinidad de nuestro Señor Jesucristo, y por tanto, Cristo entero» (can.1, DS 1651).

El concilio responde a la objeción que se podría derivar de la presencia de Cristo en el cielo: «No existe contradicción alguna entre el hecho de que nuestro Salvador esté sentado para siempre a la derecha del Padre en los cielos, según la existencia que le es natural, y que, para nosotros, se encuentre también en muchos otros lugares sacramentalmente presente en su substancia, con una existencia que, aunque con nuestras palabras casi no podemos expresar, sin embargo, con nuestro pensamiento iluminado por la fe, podemos reconocer y debemos creer firmemente que es posible para Dios». (DS 1636). Afirmando que no existe incompatibilidad, el concilio sugiere el motivo: sentado a la derecha del Padre, el Salvador tiene el poder de hacerse presente en el sacramento.

Respecto a la forma de presencia, el concilio subraya el carácter misterioso; es una forma de existencia que nuestras palabras intentan expresar pero que nuestra inteligencia, iluminada por la fe, puede conocer. Esto significa que la presencia de Cristo en el sacramento permanecerá siempre como un misterio: la afirmamos gracias a la luz de la fe y nos esforzamos por precisar el significado; pero se trata de una verdad que nos supera. Basta afirmar que no comporta contradicción alguna; es superior a la razón pero no la contradice.

El concilio enseña esta verdad no en virtud de una evidencia de la razón, sino porque «transmite sobre este verdadero y divino sacramento de la Eucaristía la doctrina santa y auténtica que la Iglesia católica, instruida por el mismo Señor nuestro Jesucristo y sus apóstoles, y enseñada también por el Espíritu Santo que "le inspira en el curso de los tiempos toda verdad" (cf. Jn 14,26), conserva siempre y conservará hasta el fin del mundo» (DS 1635).

Por tanto, es la Tradición de la Iglesia la que mantiene de manera decisiva la afirmación de la presencia real.

2. **Presencia del Cristo integral**

El concilio no afirma sólo la presencia real del cuerpo y de la sangre. Declara que está presente Jesucristo, «verdadero Dios y verdadero hombre». Está presente toda la persona de Cristo, íntegramente. Según la fe de la Iglesia, después de la consagración, están presentes el verdadero cuerpo de Nuestro Señor y su verdadera sangre, en unión con su alma y divinidad. El alma y la divinidad están, por tanto, presentes y no pueden estar separadas del cuerpo y de la sangre.

Hablando del motivo de la presencia, el concilio hace algunas distinciones: «Inmediatamente después de la consagración está el verdadero cuerpo de Nuestro Señor y su verdadera sangre juntamente con su alma y divinidad bajo la especie de pan y de vino; ciertamente el cuerpo, bajo la especie de pan, y la sangre, bajo la especie de vino, en virtud de las palabras (de la consagración); pero, el mismo cuerpo bajo la especie de vino y la sangre bajo la especie de pan, y el alma bajo una y otra especie, en virtud natural de esta conexión y concomitancia, por la cual las partes de Cristo el Señor, que ya resucitó de entre los muertos y no morirá nunca más (Rom 6,9), están ligadas entre sí; y la divinidad, está presente por su admirable unión hipostática con su cuerpo y con su alma» (DS 1640).

El concilio llega a la conclusión de la presencia total de Cristo bajo una y otra especie: «Por esto es absolutamente verdadero que está contenido, tanto bajo una como bajo otra especie y bajo entrambas. Así pues, todo Cristo e íntegro existe bajo la especie de pan y en cualquiera de las partes de esa misma especie, como todo él existe bajo la especie de vino y en cada una de sus partes» (DS 1641). El canon 3.º toma de nuevo esta afirmación: «En el venerable sacramento de la Eucaristía todo Cristo está contenido bajo cada una y otra especie y, si están separadas, en cada una de las partes de cada especie» (DS 1653).

Además, la unidad indivisible de Cristo significa que donde se encuentra el cuerpo de Cristo está presente también su sangre junto a su alma y divinidad. Pero es necesario hacer una distinción entre la presencia que resulta de las palabras de la consagración y la debida a la unidad constitutiva de la persona de Cristo. El cuerpo y la sangre se hacen presentes gracias a las palabras pronunciadas sobre el pan y el vino. Sin embargo, es importante observar que el cuerpo está presente bajo la especie del vino por la conexión existente entre el cuerpo y la sangre, y no propiamente en virtud de las palabras de la consagración en cuanto tales; y lo mismo sucede en cuanto a la sangre presente bajo la especie del pan, en virtud de la unión permanente entre la sangre y el cuerpo.

Más importante es todavía la presencia del alma de Cristo, en virtud de su unión indisoluble con el cuerpo, definitivamente adquirida en el momento de la resurrección; hubo una separación en el momento de la muerte de Jesús, pero debemos recordar que el cuerpo dado en alimento eucarístico es el cuerpo llegado a su estado glorioso, estado que reunió cuerpo y alma en el momento de la resurrección y que hace imposible toda separación en el futuro.

Finalmente, por encima de todo está la presencia de la divinidad. En Cristo, cuerpo y alma pertenecen a la persona divina del Hijo. Su presencia tiene sentido sólo en cuanto presencia propia de la persona de Cristo. La divinidad designa a la naturaleza divina, en cuanto que, a través de la unión hipostática, naturaleza divina y naturaleza humana están unidas en la hipóstasis o persona de Cristo.

II. LA VERDAD DEFINIDA

El concilio de Trento enseña la *transubstanciación* como verdad indisolublemente unida a la de la presencia real. Lo que enseña el concilio es una verdad de fe, no una opinión filosófica. La Iglesia, en efecto, ha creído siempre que, a través de la consagración del pan y del vino, se realiza una conversión de toda la substancia del pan y del vino en Cuerpo y Sangre de Cristo.

Es importante precisar la verdad definida por el concilio; se trata de la conversión de una substancia en otra, con persistencia de las «especies» del pan y del vino.

1. El término *conversión,* usado por el concilio, significa simplemente cambio. No comporta indicación alguna sobre la naturaleza de este cambio ni sobre el modo en que se efectúa. El concilio no ofrece explicación particular alguna y se limita a afirmar que «esto es lo que constituye esencialmente un cambio, es decir, la sucesión de dos cosas, una de las cuales toma el lugar de la otra» (L. GODEFROY, DTC V, 1349).

2. El cambio es de una *substancia* a otra. El término «substancia», antes del concilio, había sido empleado en los diversos sistemas filosóficos, sobre todo en la distinción entre substancia y accidentes, propuesta por Aristóteles y retomada por santo Tomás. Como demuestran las intenciones expresadas durante los debates conciliares, es seguro que el concilio no quiso unir la expresión del dogma de la transubstanciación a ninguna filosofía particular: «El concilio no se adhiere a teoría alguna y no impone sistema alguno» (ibid., 1348).

«En el término substancia debemos ver sólo lo que ve el sentido común, es decir, ese fondo inalcanzable del todo que la ciencia no alcanza, que la observación no descubre, que los sentidos no perciben y que, sin embargo, la razón nos dice que existe en todas las cosas, como punto de unión y razón última de los fenómenos y de las propiedades; es decir, en una palabra, la realidad en cuanto se distingue de las apariencias» (ibid., 1349).

Por tanto, debemos entender la substancia como la realidad fundamental, que se encuentra bajo las apariencias. En el sacramento de la Eucaristía acontece tal cambio, que la realidad del pan deja el puesto a la realidad del cuerpo de Cristo.

3. El cambio deja subsistir las «especies» del pan y del vino, pero sólo las especies: nada subsiste de la substancia del pan y del vino, porque en virtud de las palabras de la consagración está presente sólo la substancia del cuerpo y de la sangre de Cristo.

Conviene observar que el concilio no habla de «accidentes», sino de «especies». El término «accidente» habría podido designar, según la filosofía aristotélica, lo que queda del pan y del vino después de la consagración. Voluntariamente, el concilio no se sirve de este término para evitar todo envolvimiento con la filosofía aristotélica. Habla de «especies», término que no pertenece a ningún sistema filosófico e indica las apariencias sensibles, pero apariencias que son reales como apariencias, que continúan siendo objeto de la constatación de los sentidos y que no son sólo fantasmas o ilusiones: «Las apariencias son todo lo que vemos, todo lo que observamos o experimentamos, todo lo que de cualquier forma cae bajo los sentidos. Todo esto subsiste, porque por nuestra experiencia todo permanece como si la consagración no hubiera cambiado nada» (ibid., 1349).

Los teólogos han buscado clarificar mejor todo lo que comporta el cambio de la substancia con la permanencia de las especies. Pero se trata de una situación que no tiene paralelo en el orden de la naturaleza. La conversión de una substancia en otra es «admirable y singular», dice el concilio, y, por tanto, pide ser aceptada y entendida en un sentido excepcional. El misterio permanece, sin evitar todos los esfuerzos para acoger cada vez mejor todo su alcance.

III. EL TÉRMINO «TRANSUBSTANCIACIÓN»

El término *«transubstanciación»* es declarado como absolutamente apropiado: con él la Iglesia expresa con precisión el cambio. No está considerando un concepto perteneciente a un sistema filosófico; el término «substancia» contenido en él no representa conexión alguna específica con una teoría particular.

Seguidamente, el sínodo de Pistoya tenderá a eliminarlo de la exposición de la doctrina eucarística. Aun afirmando la presencia real de Cristo bajo las especies después de la consagración y admitiendo la desaparición de la substancia del pan y del vino, dicho sínodo evitó el hablar de transubstanciación y de conversión substancial del pan en cuerpo y del vino en sangre. Tal omisión intencionada fue expresamente condenada por el papa Pío VI, en 1794, porque parecía poner en discusión de nuevo no sólo el término sino la misma doctrina de la transubstanciación (cf. DS 2629).

En el desarrollo doctrinal, el término «transubstanciación» fue acogido como más adecuado para expresar la fe de la Iglesia relativo a lo que acontece en el momento de la consagración del pan y del vino. Desde que el término aparece, en el siglo XII, ha habido una rápida difusión, por ser muy adecuado para hacer comprender el núcleo esencial de la doctrina. El término conserva este valor, indicando la profundidad del cambio de la realidad fundamental —o substancia— del pan en realidad fundamental del cuerpo de Cristo. Algunos han considerado este término como demasiado complicado o demasiado difícil de explicar, pero el cambio de una realidad en otra puede ser entendido bastante fácilmente, aunque la afirmación queda inevitablemente implicada en el misterio de la Eucaristía. Todavía hoy no vemos un término más adecuado para explicar la doctrina de la Iglesia.

IV. FUNDAMENTO Y DESARROLLO

1. En la Escritura

Ante todo, la doctrina de la transubstanciación tiene su fundamento en las palabras de Jesús: «Esto (es) mi cuerpo», «Esto (es) mi sangre». En realidad estas palabras afirman simplemente la presencia del cuerpo y la presencia de la sangre, y ello presupone que el pan ha dejado lugar al cuerpo y el vino a la sangre.

Más exactamente, Jesús no dice: «Este pan es mi cuerpo», ni «Este vino es mi sangre». Diciendo «esto», no da alguna determinación previa a lo que tiene en las manos. Y sus palabras asignan como única determinación el cuerpo y la sangre.

Debemos concluir que lo que era primero el pan y el vino, en virtud de sus palabras se han convertido en cuerpo y sangre, aunque conservando la apariencia sensible del pan y del vino. En las palabras de la consagración está implícitamente pronunciada la transubstanciación, el cambio de la realidad del pan y del vino en la realidad del cuerpo y de la sangre.

2. **En la Tradición**

Los Padres de la Iglesia afirmaron el cambio del pan en cuerpo de Cristo: el pan y el vino son cambiados o transformados en cuerpo y sangre de Cristo. El pan y el vino dejan de ser pan y vino y en su lugar son el cuerpo y la sangre.

«Lo que parece pan, no es pan, aunque al gusto le parece tal, sino que es el cuerpo de Cristo, y lo que parece vino no es vino, aun teniendo el gusto, sino la sangre de Cristo» (Cirilo de Jerusalén, *Cat.* 4,9; PG 33, 1104). «Antes de las palabras sacramentales este pan es pan; después de realizarse la consagración, el pan se convierte en carne de Cristo» (Ambrosio, PL 16, 439-440). Para describir este cambio, los Padres usan el ejemplo de la transformación del agua en vino, en las bodas de Caná.

La expresión «conversión substancial» aparece en el concilio de Roma (1079) que pone fin a la controversia con Berengario.

El término «transubstanciación» se encuentra por primera vez en Rolando Bandinelli (el futuro papa Alejandro III), antes de 1153. La difusión del término fue rápida. El IV concilio de Letrán (1215) emplea el verbo «transubstanciar».

CAPÍTULO VI

EL SACRIFICIO EUCARÍSTICO

I. VERDADERO SACRIFICIO

«En la Misa se ofrece a Dios un sacrificio verdadero y auténtico», y «lo que se ofrece es Cristo que se nos da en alimento» (cf. can.1, DS 1751). «El sacrificio de la Misa no es sólo un sacrificio de alabanza y de acción de gracias, ni sólo una mera conmemoración del sacrificio realizado en la cruz, sino un sacrificio propiciatorio» (cf. can.3, DS 1753). Con estas palabras, el concilio de Trento atestigua el valor del sacrificio de la celebración eucarística.

1. Sacrificio verdadero y único

Para explicar la doctrina sobre el «sacrificio verdadero y único de la Eucaristía», el concilio recurre al testimonio de la Escritura.

«Como en el Antiguo Testamento, según atestigua el apóstol Pablo, por causa de la impotencia del sacrificio levítico, no había sacrificio perfecto, fue necesario, por disposición de Dios, Padre de las misericordias (2 Cor 1,3), que se presentase otro sacerdote "según el orden de Melquisedec" (Gén 14,18; Sal 109,4; Heb 7,11), nuestro Señor Jesucristo, en grado de llevar a la plenitud y de hacer perfectos a los que son santificados (Heb 10,14). Por esto, él, nuestro Dios y Señor, aunque había de ofrecerse a sí mismo de una vez para siempre a Dios Padre, muriendo como intercesor sobre el altar de la cruz, para realizar por ellos una redención eterna [...]» (DS 1739). Esta llamada al valor del sacrificio de la cruz puede encontrar buena acogida en los reformadores, que no niegan tal valor. Sucesivamente, no obstante, se expone lo que tiene relación más directamente con la Eucaristía: «Sin embargo, como su muerte no estaba destinada a poner fin a su sacerdocio (Heb 7,24.27), durante la Última Cena, "la noche en que fue entregado", quiso dejar a la Iglesia, su esposa amada, un sacrificio visible, como exige la naturaleza humana, en el cual estuviera representado el sacrificio cruento que había de cumplirse de una vez para siempre en la cruz, y cuya memoria se perpetuara hasta el fin de los siglos (1 Cor 11,23s) y cuya virtud saludable debía aplicarse a la remisión de los pecados que cometemos cada día» (DS 1740). El sacrificio eucarístico fue, pues, dado por Cristo a la Iglesia. Así pues, el sacrificio se reproduce hasta el final de los siglos por la Iglesia y no sólo por Cristo.

El concilio precisa el significado de este sacrificio subrayando el comportamiento de Cristo: «Declarando haber sido establecido "sacerdote eterno según el orden de Melquisedec" (Sal 109,4), ofreció a Dios Padre su cuerpo y su sangre bajo las especies de pan y de vino y bajo las mismas especies se los dio en alimento a los apóstoles, constituyéndolos en aquel momento sacerdotes del Nuevo Testamento; a ellos y a sus sucesores en el sacerdocio les dio orden de ofrecerlo con estas palabras: "haced esto en memoria de mí" (Lc 22,19; 1 Cor 11,24), como la Iglesia siempre ha entendido y ha enseñado» (DS 1740).

2. Fundamentos escriturísticos

a) *Testimonio evangélico*

Jesús no ha hecho una declaración doctrinal sobre el sacrificio ofrecido en la Eucaristía, pero las palabras de la institución demuestran suficientemente que se trata de un sacrificio verdadero y propiciatorio.

Las palabras «Esto (es) mi cuerpo entregado por vosotros» (Lc 22,19), atestiguan que el cuerpo no es dado sólo en alimento a los convidados presentes, sino que es dado «por» ellos, es decir, en sacrificio.

Las palabras pronunciadas para la consagración del vino aluden, aún más explícitamente, al sacrificio: «Esto (es) mi sangre, la sangre de la alianza, derramada por muchos» (Mc 14,24; Mt 26,28). El mismo tomar los términos empleados en Éx 24,8 para la conclusión de la alianza con Moisés es significativo por la alusión al sacrificio. Aquí se trata del verdadero sacrificio que realiza la figura antigua y sanciona la alianza real en beneficio de la multitud, es decir, de toda la humanidad.

«Dar» es el verbo usado por Jesús para designar su sacrificio. «El Hijo del hombre no ha venido, pues, para ser servido, sino para servir y dar la vida en rescate por muchos» (Mc 10,45; Mt 20,28). La promesa referida por Juan confirma la intención del sacrificio: «El pan que yo daré es mi carne para la vida del mundo» (Jn 6,51). El término «carne» está particularmente indicado para expresar el sacrificio. Este sacrificio tiene un valor que supera con mucho la participación en la comida: «para la vida del mundo» equivale a «por muchos».

La fórmula de la consagración del vino, en Mateo (26,28), comporta una añadidura que expresa más netamente la naturaleza expiatoria o propiciatoria del sacrificio: sangre derramada «para la remisión de los pecados». Esta añadidura no hace otra cosa sino subrayar lo que estaba ya implícito en la afirmación de la sangre de la alianza, derramada por la multitud.

b) *Testimonio de san Pablo*

Al recoger las palabras de la consagración del pan, Pablo supone la intención del sacrificio con la expresión: «esto es mi cuerpo que se entrega por vosotros» (1 Cor 11,24).

Así evidencia el anuncio de la muerte de Cristo que se produce en cada comida eucarística: «Cada vez que coméis de este pan y bebéis de este cáliz, proclamáis la muerte del Señor hasta que él vuelva» (1 Cor 11,26). Este anuncio demuestra el cumplimiento de las palabras de Jesús: «Haced esto en conmemoración mía» (1 Cor 11,24-25). Se trata, por tanto, de un anuncio en el que se vuelve a repetir lo que Cristo hizo en la Última Cena, es decir, una ofrenda del sacrificio redentor, pero una ofrenda que ya no es cruenta y que tiene un carácter ritual o sacramental.

c) *Testimonio de la Carta a los Hebreos*

La Carta a los Hebreos, único escrito neo-testamentario que expone de manera sistemática el sacrificio de Cristo, comporta una observación que contribuye a mostrar la superioridad del sacerdocio cristiano: «Nosotros tenemos un altar, del que no tienen facultad de comer los que sirven en el Tabernáculo» (13,10). Parece que el autor quisiera subrayar el hecho de que los sacerdotes hebreos no podían ponerse a celebrar la Eucaristía. «Comer» parece referirse a la comida eucarística, que se alimenta en un altar. El altar está ligado al sacrificio; la Eucaristía se nutre del sacrificio de Cristo, tiene, por tanto, un carácter sacrificial. El sacrificio, no obstante, podría ser simplemente el de la cruz, pero la alusión es demasiado vaga para permitir afirmaciones precisas.

3. **Fundamentos de la Tradición**

En los primeros escritos cristianos, la Eucaristía fue vista no sólo como una comida sino también como un sacrificio.

La *Didaché,* por ejemplo, afirma con claridad que la celebración eucarística es un sacrificio. San Justino repite con frecuencia la misma afirmación.

La tradición sucesiva, con san Ireneo, Orígenes y san Cipriano, conserva esta doctrina. Orígenes afirma más particularmente la naturaleza propiciatoria del sacrificio eucarístico.

Podríamos citar muchos testimonios a lo largo de los siglos. Nos limitaremos aquí a citar la encíclica *Mysterium fidei,* de Pablo VI: «Nos alegra, sobre todo, recordar aquello que es como la síntesis y el vértice de esta doctrina, es decir, que en el misterio eucarístico está representado de forma admirable el sacrificio de la cruz, consumado de una vez para siempre en el Calvario; es una llamada perenne a la memoria y en él se nos aplica su virtud saludable en remisión de los pecados que se cometen diariamente» (AAS 57 [1965], n.11).

II. SACRIFICIO SACRAMENTAL

La afirmación del sacrificio eucarístico suscita inevitablemente un problema. ¿Cómo definir tal sacrificio en relación con el sacrificio de la cruz? ¿En qué puede ser visto como idéntico al sacrificio del Calvario, desde el momento en que se vuelve a representar y reproducir, y en qué se distingue?

1. Identidad y diferencia

El concilio de Trento nos proporciona una respuesta de principio, cuando trata la Eucaristía como sacrificio propiciatorio: «Es, pues, una sola y única hostia, el mismo que ahora se ofrece a través del ministerio de los sacerdotes, el que se ofreció a sí mismo entonces sobre la cruz, sólo que con un modo diferente de ofrecerse» (DS 1743).

En lo referente a la víctima o al objeto de la ofrenda, existe identidad; la ofrenda que se presenta en la Eucaristía es la ofrenda de Cristo. En el sacrificio eucarístico se ofrece el mismo Cristo. Es siempre él, y sólo él, el precio pagado por nuestra salvación. Por esto, en la celebración eucarística, el cuerpo y la sangre de Cristo se hacen presentes: son ellos, con la persona del Salvador a la que pertenecen, los que son presentados como ofrenda al Padre para la salvación de la humanidad y para todas las gracias ligadas a esta salvación. En la Eucaristía se dan como comida y bebida.

También en cuanto se refiere a quien ofrece hay identidad. Es Cristo quien se ofrece a sí mismo. Durante la Última Cena consumó él mismo esta ofrenda, pronunciando las palabras de la consagración sobre el pan y el vino. En las celebraciones eucarísticas sucesivas, no estando ya en la tierra, Cristo no podría cumplir el gesto visible de la ofrenda. Pero actúa «a través del ministerio de los sacerdotes»; gracias a esta mediación visible repite de modo invisible el gesto de la ofrenda.

Y esto responde a la orden de reiteración: «haced esto en conmemoración mía».

Algunos teólogos han discutido sobre si se debería pensar que el concilio de Trento intentaba hablar de una ofrenda actual, hecha en cada Misa por Cristo, o, por el contrario, si se limitaba a admitir una simple oblación virtual, es decir, una oblación hecha por la Iglesia en virtud del poder que le fue conferido por Cristo. Los términos usados por el concilio parecen mantener, más bien, la afirmación de un acto de ofrenda cumplido por Cristo, aunque si el acto, en realidad, se lleva a cabo gracias al ministerio de los sacerdotes, no se trata simplemente de un gesto realizado por la Iglesia, gracias al poder que le ha dado Cristo. Diciendo que aquel que se ofreció una vez sobre la cruz es el mismo que ahora se ofrece a través del ministerio de los sacerdotes, el concilio quiere insistir sobre la identidad del sujeto de la ofrenda y afirmar, por tanto, que es un acto de ofrenda realizado en cada Misa por Cristo. La implicación de Cristo en el sacrificio eucarístico no es inferior a su implicación en el sacrificio de la cruz, porque es el mismo quien hace la ofrenda y también el mismo quien es la víctima.

La única diferencia entre los dos sacrificios consiste en el «modo de ofrecer». El sacrificio de la cruz comporta una inmolación cruenta, mientras que el sacrificio eucarístico es de orden ritual y excluye todo derramamiento de sangre. Además, el sacrificio eucarístico tiene como elemento distintivo el hecho de que el cuerpo y la sangre de Cristo se ofrecen bajo las especies de pan y de vino, es decir, bajo signos sacramentales. Podemos, por tanto, definir el sacrificio eucarístico como sacrificio sacramental y, en esto, es diverso del sacrificio de la cruz. En el culto de la Iglesia se multiplica el sacrificio sacramental, mientras que el de la cruz es único. En el Calvario se cumplió de una vez por todas el sacrificio que obtiene la salvación del mundo. Tal sacrificio es un acontecimiento histórico que, inserto en un momento bien preciso de la historia y en circunstancias bien determinadas, no se repite más en cuanto tal. Conservará para siempre un carácter único.

El sacrificio sacramental, en cambio, celebrado en referencia a este sacrificio único y excepcional en la historia, está destinado a repetirse para favorecer el crecimiento de la Iglesia. Por tanto, es bien diverso del sacrificio de la cruz; sin embargo, está en estrecha relación con él y depende enteramente de él, porque la víctima es la misma y es el mismo quien la ofrece. El sacrificio sacramental reproduce ritualmente en el mundo el sacrificio redentor.

2. Representación del sacrificio redentor

Para expresar la relación entre el sacrificio eucarístico y el de la cruz se ha empleado el término «representación». El concilio afirma que Cristo quiso dejar a la Iglesia «un sacrificio visible..., en el cual estuviera representado el sacrificio cruento que había de cumplirse de una vez para siempre en la cruz y cuya memoria se perpetuara hasta el fin de los siglos» (DS 1740). También la encíclica *Mysterium fidei* afirma que «en el misterio eucarístico está representado de modo admirable el sacrificio de la cruz...» (AAS 57 [1965] n.11). El Vaticano II afirma que en la Eucaristía «están representados la victoria y el triunfo de la muerte» de Cristo (SC 6).

El verbo representar debe ser comprendido en su acepción más fuerte: «representar» significa «hacer presente» el sacrificio de la cruz. No se trata de una representación que se limitaría a recordar o celebrar el recuerdo de un acontecimiento del pasado. La representación consiste en una reproducción sacramental del sacrificio de la cruz; ella hace presente aquel sacrificio de forma que se apliquen sus frutos a la Iglesia.

Con su acto de ofrenda, Jesús renueva de forma no cruenta el sacrificio, sin que existan verdugos ni muerte natural, porque la esencia del sacrificio redentor es de naturaleza interior y espiritual: una voluntad de oblación en la inmolación de la cruz.

Este acto lo ha realizado Cristo en su condición celestial de Salvador glorioso, cuyo sacrificio ha sido consumado; no puede adquirir nuevo valor sino sólo ser aplicado más ampliamente. La nueva ofrenda, en la Eucaristía, extrae, pues, todo su valor del sacrificio de la cruz, y aplica los méritos.

Cristo renueva la ofrenda del sacrificio sacramental a través del ministerio del sacerdote. Toda la razón de ser de esta representación del acto salvífico radica en su naturaleza sacramental. En sí mismo, el sacrificio de la cruz era perfecto y bastaba para obtener todas las gracias para la salvación y la vida espiritual de la humanidad. En su representación sacramental difunde más ampliamente sus frutos.

3. Sacrificio significado y realizado por la consagración

En la consagración se encuentra la esencia del sacrificio; de hecho, las palabras pronunciadas sobre el pan y el vino constituyen el memorial que Cristo ha confiado a sus discípulos. La ofrenda eucarística del sacrificio se realiza a través de la consagración; no podemos identificarla con un rito; considerada en sí misma, la ofrenda del pan y del vino no realiza el sacrificio pero lo prepara y lo encamina.

Debemos, pues, considerar las palabras «Esto es mi cuerpo» y «Esto es mi sangre», como el signo eficaz, porque realiza lo que significa.

Esta noción de signo eficaz se une a la noción de sacramento, que se define como signo eficaz de la gracia. En este caso no se trata propiamente de signo de una gracia, sino de signo de la ofrenda personal de Aquel que es la fuente de la gracia. Podremos concluir de ello que el concepto de sacramento se verifica del modo más excelso. El sacrificio sacramental es sacramento por excelencia, signo de la ofrenda y de la presencia de Cristo.

Las palabras de la consagración han sido interpretadas, con frecuencia, como signo del sacrificio, por causa de la separación de las especies: la separación del pan y del vino, con la doble consagración, aparece como signo de la separación del cuerpo de la sangre, y, por tanto, como signo de la muerte, signo del sacrificio.

Pero aun reconociendo un valor a este simbolismo, lo importante es observar que el signo del sacrificio resulta ya de las palabras: «Esto es mi cuerpo, entregado por vosotros» (Lc 22,11). Aun independientemente de la consagración del vino, estas palabras definen el cuerpo entregado en sacrificio. Podemos añadir que el término empleado por Jesús, «mi carne», hace pensar, más bien, en la carne de las víctimas de los sacrificios.

Por su parte, aunque considerada aisladamente, la consagración que se expresa a través de las palabras: «Éste es el cáliz de mi sangre, sangre de la alianza derramada por muchos» (Mc 14,24; Mt 26,28), expresa una relación evidente con el sacrificio.

No es, pues, la simple separación de las especies lo que constituye el signo del sacrificio, sino el rito de la consagración en su conjunto, con las palabras que afirman la presencia del cuerpo y de la sangre. Estas palabras son una afirmación de presencia, pero tal presencia es un don que Cristo hace de su persona y más específicamente de su carne y de su sangre. Son, por tanto, la expresión de una ofrenda; con sus palabras, pronunciadas por el sacerdote en nombre de Cristo, se realiza la ofrenda que renueva el sacrificio de la cruz o que la reproduce en favor de la Iglesia.

Algunas teorías que definían el sacrificio a través de un cambio en la cosa ofrecida, proponían como signo del sacrificio eucarístico la transubstanciación. Pero la esencia del sacrificio no consiste en el cambio, y además, en la transubstanciación es el pan el que queda afectado por el cambio. Pero el pan no es la víctima. La víctima, en el sacrificio eucarístico, es la misma del sacrificio de la cruz: «una única e idéntica víctima», afirma el concilio.

Naturalmente, la transubstanciación entra en el signo del sacrificio, pero no a título de cambio que afecta a la víctima. Ella está implícita en la ofrenda que Cristo hace de sí mismo dando su cuerpo y su sangre. Y esta ofrenda, significada por las palabras de la consagración, es la que realiza el sacrificio.

4. **Ofrenda de Cristo glorioso**

El sacrificio sacramental hace presente la ofrenda de Cristo, más particularmente la ofrenda del Cristo glorioso y no sólo del Cristo implicado en el drama de la cruz. En continuidad de aquel drama, el sacrificio ha recibido de hecho un cumplimiento que hace manifiesta su eficacia. El Padre, acogiendo a su Hijo desde el más allá, lo ha colmado de la gloria divina. Ya anteriormente, Jesús había anunciado en distintas ocasiones la resurrección del Hijo del hombre al tercer día; había querido hacer comprender que la muerte que anunciaba era inseparable de su coronación gloriosa. El sacrificio debía ser afrontado solamente en la perspectiva de aquel final glorioso.

Por esto el mensaje cristiano no puede separar nunca muerte y resurrección de Jesús. Los dos acontecimientos están indisolublemente unidos y sólo la resurrección puede iluminar el sentido de la muerte. En la Eucaristía, el sacrificio no podría repetir la ofrenda de la muerte sin su conclusión indispensable de glorificación.

Podemos, además, recordar que Jesús mismo, en el anuncio de la Eucaristía, había llamado la atención sobre el estado glorioso del Hijo del hombre, como presupuesto del valor nutritivo de su cuerpo y de su sangre; el estado que habría adquirido en la ascensión debía ser la condición previa del poder vivificante que sería expresado en la comida eucarística. Por esto debemos admitir cierta anticipación del estado glorioso del Salvador en el momento de la celebración de la Última Cena.

Sólo el Cristo glorioso posee el poder de renovar la ofrenda de su cuerpo y de su sangre en sacrificio. Así se explica por qué la celebración de la Eucaristía no se realiza sólo en memoria de la pasión de Cristo sino también en memoria de su resurrección y de su ascensión.

El Cristo que baja al altar es el Salvador resucitado. Y como Salvador resucitado es como se ofrece como alimento y bebida en la comida eucarística. Pero es verdad que es el mismo Cristo que nació de la Virgen, que vivió en la tierra una vida semejante a la nuestra y que se dedicó al cumplimiento de su misión hasta su elevación en la cruz. Pero se nos comunica en la vida superior de su estado celestial, vida que emana de los dones del Espíritu Santo.

Es importante, pues, completar lo que ha sido dicho sobre el signo del sacrificio en la Eucaristía. La doble consagración del pan y del vino no comporta sólo un signo de separación entre las especies, sino también un signo de unión, porque es el signo de la unión del cuerpo y de la sangre, unión que recuerda la superación de la muerte con la resurrección.

Las palabras pronunciadas por Jesús: «Esto (es) mi cuerpo», significan una carne viva, como es confirmado por el destino de la misma carne para alimento que mantiene y hace crecer la vida. Las palabras «Éste es el cáliz de mi sangre» hacen pensar, a través del signo del vino, en cierta embriaguez espiritual. Podemos, pues, encontrar en las palabras de la consagración el signo de un sacrificio consumado a través de la entrada en un estado de vida superior, participación en el estado glorioso de Cristo.

Conviene subrayar la importancia de este estado glorioso de Cristo en la ofrenda del sacrificio. Esta ofrenda, considerada simplemente en el drama redentor y en referencia a los crueles sufrimientos padecidos por el Salvador, habría reclamado un clima de luto; el memorial debería haber sido esencialmente doloroso. En cambio, sucede lo contrario. Puesto que la ofrenda procede del Cristo glorioso, implica la transformación del sufrimiento en gozo.

La Eucaristía se celebra como una fiesta, en un clima de alegría. Ella confirma la verdad fundamental del triunfo divino sobre todas las fuerzas que ponen en peligro el destino de la humanidad.

La Eucaristía, alcanzando su energía de la resurrección de Cristo, procura a la humanidad una renovación de su vida más alta. Demuestra que el efecto del sacramento redentor no está limitado a la remisión de los pecados, sino que consiste sobre todo en el desarrollo de la vida divina de Cristo, suscitado y mantenido por el Espíritu Santo. La fuerza de la resurrección remedia todas las debilidades y flaquezas de la vida terrena. La fuerza de la ascensión, también ésta propia de Cristo glorioso, está en grado de enderezar todo lo que está abatido o paralizado y de elevar a los seres humanos al nivel más alto.

De esta forma adquiere todo su significado la relación de la Eucaristía con la obra de la salvación. La Eucaristía no sólo reproduce sacramentalmente la ofrenda sublime, heroica, que en el Calvario cambió el rostro del mundo, obteniendo con abundancia el perdón divino, sino que se nutre también del misterio de la Resurrección para continuar la obra de la creación de una humanidad nueva. Ésta recibe del misterio de la Ascensión la fuerza de Cristo sentado a la derecha del Padre con quien comparte todo el poder. Puesto que Cristo renueva su ofrenda, la Resurrección reencuentra la propia fuente y la Ascensión su impulso hacia lo alto para elevar todo el peso de la humanidad y renovar las fuerzas de la existencia humana. Decir que Jesús es «el mismo que ofrece», es creer en el valor de su ofrenda que, en un clima de alegría y de entusiasmo, lleva a todos los seres humanos a la edificación de un mundo mejor.

III. SACRIFICIO DE CRISTO, SACRIFICIO DE LA IGLESIA

1. Implicación de la Iglesia en el sacrificio

El sacrificio eucarístico es sacrificio de Cristo: Cristo es la víctima y es también el sacerdote, el sacerdote principal, soberano, que opera a través de los ministros que actúan en su nombre.

Pero el sacrificio eucarístico es al mismo tiempo sacrificio de la Iglesia. Y ésta es toda su razón de ser; en cuanto sacrificio sacramental existe sólo en función del bien de la Iglesia y de sus miembros.

¿Con qué fin, pues, se renueva la ofrenda del sacrificio de la cruz si no es para que llegue a ser el sacrificio de la Iglesia? El sacrificio consumado en el Calvario no necesita ser repetido. Es único y fue ofrecido de una vez para siempre, adquiriendo para la humanidad las gracias necesarias para la salvación. Reproducir aquel sacrificio en el transcurso del tiempo no tendría sentido, a menos que tal reproducción o «representación» no quiera significar sino una implicación de la Iglesia en aquel sacrificio. Esto supone que la Iglesia está en grado de hacer suyo el sacrificio de Cristo y de entrar en la implicación que aquel sacrificio comporta.

El sacrificio eucarístico, por tanto, no es sólo la mera repetición de la ofrenda de Cristo en el Calvario, sino también apropiación, por parte de la Iglesia, de aquella ofrenda, para una fecundidad más amplia. Esta apropiación del sacrificio de Cristo por parte de la Iglesia es una apropiación objetiva, en el sentido de que, sacramentalmente, la ofrenda del Salvador llega a ser la de la Iglesia, a través de la realización del rito instituido por Jesús durante la Última Cena. Las palabras de la consagración realizan el sacrificio de Cristo como sacrificio de la Iglesia.

Esta apropiación objetiva, garantizada por el rito, tiende a completarse en una apropiación subjetiva, es decir, el sacerdote y los fieles que participan en la Eucaristía están invitados a asociarse, con sus disposiciones personales, a la ofrenda del sacrificio redentor.

La celebración eucarística tiende a hacerles compartir a ellos los sentimientos y la voluntad de oblación del Salvador.

2. Cooperación de la Iglesia en el sacrificio eucarístico

A la Eucaristía se le aplica la doctrina enunciada por el Vaticano II sobre la liturgia: «Realmente, en esta obra tan grande, por la que Dios es perfectamente glorificado y los hombres santificados, Cristo asocia siempre consigo a su amadísima esposa la Iglesia, que invoca a su Señor y por él tributa culto al Padre eterno» (SC 7). Así cada celebración litúrgica es «obra de Cristo sacerdote y de su cuerpo que es la Iglesia» (ibid.; DS 4008).

3. Cooperación a través del ministerio del sacerdote

La cooperación de la Iglesia en el sacrificio se expresa, sobre todo, a través del ministerio del sacerdote. El sacerdote es el que ofrece ministerialmente el sacrificio. Él es sólo ministro, en el sentido de que está al servicio de Cristo; pronuncia las palabras de la consagración sólo en nombre de Cristo. Diciendo «esto es mi cuerpo», «éste es el cáliz de mi sangre», hace presente el cuerpo y la sangre de Cristo. Él puede pronunciar estas palabras sólo en virtud del poder que ha recibido en la ordenación sacerdotal. Este poder le ha sido conferido por la autoridad de la Iglesia; ejerciendo en nombre de la Iglesia, ejerce también en el nombre de Cristo.

La realización del sacrificio eucarístico pide, por tanto, un compromiso específico del sacerdocio ministerial. Algunos se han esforzado por atribuir el poder de celebrar la Eucaristía a todos los cristianos, en nombre del sacerdocio universal. La encíclica *Mediator Dei,* de 1947, reaccionó ante este exceso recordando la postura tradicional de la Iglesia en este campo: «El hecho de que los fieles tomen parte en el sacrificio eucarístico, no significa, sin embargo, que ellos gocen de poderes sacerdotales... Hay algunos que, acercándose a errores ya condenados, enseñan que en el Nuevo Testamento se reconoce solamente un sacerdocio que atañe a todos los bautizados, y que el precepto dado por Jesús a los Apóstoles en la Última Cena de hacer lo que él había hecho, se refiere directamente a toda la Iglesia de los cristianos... Sostienen, por eso, que sólo el pueblo goza de una verdadera potestad sacerdotal, mientras que el sacerdote actúa únicamente por oficio encomendado por la comunidad...» (AAS 39 [1947], n.68).

A este propósito, la encíclica recuerda el principio de «que el sacerdote hace las veces del pueblo porque representa a la persona de nuestro Señor Jesucristo en cuanto que él es cabeza de todos los miembros y se ofrece a sí mismo por ellos» (n.69).

Existe, pues, un poder de ofrecer el sacrificio eucarístico en nombre de Cristo que es exclusivo del sacerdote.

También recientemente esta necesidad de la intervención del sacerdote en la celebración de la Eucaristía ha creado algún problema. En muchas zonas, la disminución de las vocaciones ha privado a algunas comunidades parroquiales del ministerio sacerdotal. Las asambleas dominicales sin sacerdote se han multiplicado; tales asambleas atienden la oración común, las lecturas de la Escritura y la distribución de la comunión.

No pueden, sin embargo, procurar una participación en la celebración del misterio eucarístico, es decir, en el acto más importante del culto cristiano. La consagración del pan y del vino y su transformación en cuerpo y sangre de Cristo no son posibles cuando no está presente el sacerdote. Podemos comprender que cristianos, llenos de fe en la Eucaristía, sufran particularmente cuando se ven privados de ella. Esta situación puede, sin embargo, despertar el sentido de responsabilidad de los cristianos en el nacimiento y desarrollo de las vocaciones. Según el designio divino, estas comunidades deben desarrollar una profunda vida cristiana en las familias y en los individuos, para que pueda resonar en los jóvenes la llamada a la vida sacerdotal y esta llamada pueda encontrar un terreno favorable para una respuesta generosa y perseverante. El drama espiritual de las comunidades privadas de la Eucaristía, por causa de la escasez de clero, puede hacer apreciar la importancia de la presencia y de la misión de los sacerdotes, indispensables para un desarrollo de todas las riquezas espirituales regaladas por Cristo al mundo, y de modo particular por la multiplicación de las celebraciones eucarísticas.

4. Participación de todos los fieles

Después de haber reconocido el valor del ministerio sacerdotal, es también importante subrayar la importancia de la participación de todos los fieles en la celebración eucarística, desde el momento en que en ella está implicada toda la Iglesia.

Esta participación tiene por fundamento el sacerdocio universal que está concedido a todos los bautizados, sacerdocio que consiste en una consagración fontal que los hace capaces para todo el desarrollo de la vida sacramental y más en particular en una verdadera implicación en la ofrenda del sacrificio eucarístico. «Los fieles, en virtud de su sacerdocio regio, concurren a la ofrenda de la Eucaristía», afirma el Vaticano II (LG 10).

Ya anteriormente, Pío XII había explicado que los fieles ofrecen el sacrificio, no sólo a través de las manos del sacerdote, sino también, en cierto modo, en unión con él. «Cuando se dice, pues, que el pueblo ofrece junto con el sacerdote, no se afirma que los miembros de la Iglesia, no de otro modo que el mismo sacerdote, cumplen el rito litúrgico visible, que pertenece al solo ministro de Dios como representante, y que une sus votos de alabanza, de impetración, de expiación y su acción de gracias a la intención del sacerdote, más bien, del mismo Sumo Sacerdote, para que sean presentadas a Dios Padre en la misma oblación de la víctima, también con el rito externo del sacerdote. Es necesario, efectivamente, que el rito externo del sacrificio manifieste por su propia naturaleza el culto interno: ahora bien, el sacrificio de la nueva ley significa el obsequio supremo con el cual el mismo oferente principal, que es Cristo, y con él y por él todos sus miembros místicos, honran debidamente a Dios» (*Mediator Dei,* n.76).

La encíclica subraya que el sacrificio no puede surtir efecto sino a través de la participación en la inmolación: «Para que después la oblación, con la cual en este sacrificio los fieles ofrecen la víctima divina al Padre celestial, tenga su pleno efecto, se requiere todavía otra cosa; es decir, es necesario que éstos se inmolen a sí mismos como víctimas» (n.81).

«Cuando son pronunciadas las solemnes palabras: "Por Cristo, con él y en él, a ti, Dios Padre Omnipotente, en la unidad del Espíritu Santo, todo honor y toda gloria por los siglos de los siglos", a las cuales el pueblo responde: "Amén", no olviden los cristianos ofrecer, con el divino Jesús crucificado, a sí mismos y sus preocupaciones, dolores, angustias, miserias y necesidades» (n.86).

La noción de sacrificio sacramental va sobreentendida en sus exigencias y en base a su finalidad. El rito sacramental es esencial, porque, a través de la consagración del pan y del vino, se reproduce la ofrenda del sacrificio redentor. Pero este rito tiene la finalidad de hacer participar a los cristianos en el único sacrificio de la cruz, de forma que es plenamente sacrificio de la Iglesia además de sacrificio de Cristo.

La ofrenda ritual exige, por tanto, ser vivida por los participantes como ofrenda personal. El cristiano no puede asistir a la Misa como a un acto de culto que se realiza fuera de él. Si el rito se queda exterior, no alcanza su finalidad, que es la de suscitar una disposición interior correspondiente al gesto exterior. El sacrificio eucarístico se celebra para que los cristianos sean envueltos en el movimiento fundamental de la ofrenda de Cristo.

La cuestión que presenta cada celebración eucarística a los que participan en ella es, por tanto, el de la ofrenda que han de asociar a la ofrenda del Salvador. Todos están invitados a preguntarse qué deben ofrecer. Sin este compromiso personal en la ofrenda, el sacrificio no alcanza su objetivo, porque la ofrenda de Cristo se renueva sacramentalmente sólo para que nos podamos unir a él.

Es verdad que toda la vida cristiana, también sin la Eucaristía, consiste en la unión con la persona de Cristo y su obra salvadora; sin embargo la Eucaristía tiende a dar una forma más concreta a tal unión, trayendo a nuestros ojos la ofrenda que ha obtenido la salvación del mundo. La Eucaristía comporta precisamente la invitación a ofrecer todo lo que en nuestra vida es doloroso, con la mirada fija en la ofrenda heroica del Calvario. Debemos entender por doloroso no sólo los sufrimientos propiamente dichos, sino también las angustias, las preocupaciones tal vez molestas, las situaciones morales con todos los dramas íntimos que explosionan en el exterior o permanecen escondidos, las tensiones de todo género en las relaciones con los demás. Todo esto que es vivido en el ritmo cotidiano de los días merece ser llevado como ofrenda a la Eucaristía para recibir una dignidad superior a través de la asimilación en los sufrimientos redentores de Cristo.

El problema de la ofrenda personal en la celebración eucarística puede encontrar una respuesta de gran generosidad cuando la ofrenda suprema de Jesús suscita o favorece el compromiso en un camino en el que se expresa el don total de sí, o bien en una actividad que requiere una dedicación excepcional. Las dificultades no faltan. Pueden llegar a provocar quejas y lamentaciones, pero el sacrificio eucarístico tiende a acrecentar un espíritu de ofrenda que acepte de buen grado las contrariedades y sepa ver una posibilidad de un amor más profundo.

La naturaleza sacramental del sacrificio puede hacer pensar en una orientación opuesta a la mística, porque el rito tiene un valor objetivo, independiente de las disposiciones subjetivas de los individuos. Por el contrario, debemos constatar que el sacramento, en su realidad objetiva, exige una intensa participación subjetiva en el misterio de la ofrenda redentora. Esta participación reviste un aspecto místico, gracias a una unión más íntima con la persona de Jesús. Tiende a favorecer las manifestaciones más extremas de tal unión compartiendo la ofrenda y el deseo de contribuir en la difusión de la gracia salvadora en el mundo. De esta forma, antes que encerrarse en un ámbito particular de espiritualidad, el sacrificio eucarístico está destinado a transformar la vida más común de los cristianos, comunicándoles el soplo de la ofrenda redentora de Cristo.

IV. FRUTO DEL SACRIFICIO EUCARÍSTICO

La ofrenda sacrificial de Cristo, que se realiza en la consagración por obra del sacerdote, produce un fruto particular que es adquirido a través de la adhesión a la simple realización del acto sacramental. Es el fruto que los teólogos llaman *ex opere operato.*

Todo el fruto de la celebración eucarística proviene del sacrificio de la cruz; efectivamente, el sacrificio eucarístico hace presente el único sacrificio redentor, fuente de todas las gracias. El único valor de la Misa es el que se deriva de la oblación del Calvario.

La reflexión teológica ha visto en la Misa una cuádruple eficacia, en virtud de la cuádruple finalidad del sacrificio: la adoración, la acción de gracias, la propiciación y la consecución de las gracias. Según esta cuádruple finalidad, el sacrificio es llamado latréutico, eucarístico, propiciatorio e impetratorio. La eficacia propiciatoria e impetratoria comporta una doble aplicación, para los vivos y para los difuntos.

La convicción de que la ofrenda del sacrificio eucarístico puede beneficiar a los difuntos, y obtenerles la felicidad eterna de la posesión de Dios, se fundamenta en la tradición más antigua de la Iglesia. El uso de celebrar la Misa por los difuntos se remonta al menos al siglo II. Obviamente, los cristianos en general tienen conciencia de su poder de intercesión en favor de los difuntos, porque oran por ellos y manifiestan su confianza, sobre todo, en la eficacia del sacrificio eucarístico, eficacia que consideran superior a la de cualquier otra súplica o plegaria.

La ofrenda del sacrificio eucarístico produce también un efecto de gracia para los vivos. Está enraizado el uso de pedir a los sacerdotes intenciones particulares para obtener gracias de todo tipo.

La petición de reservar la aplicación del valor de la Misa por una intención particular no es posible sólo en el caso de una celebración individual, sino también en la concelebración. Cada uno de los concelebrantes puede llevar a cabo el valor de su participación con una intención específica. Si en la concelebración estamos en presencia de un único sacrificio, no obstante la participación de cada concelebrante en el acto de la ofrenda y en virtud de tal participación, cada uno puede aplicar por una intención particular su contribución al valor del sacrificio.

Es necesario, sin embargo, observar que la aplicación por una intención particular no puede absorber toda la eficacia de la Misa. La ofrenda del sacrificio eucarístico produce frutos que superan las intenciones particulares y recordadas expresamente.

En realidad, el fruto de cada celebración eucarística es un desarrollo cada vez mayor de la vida de la Iglesia. Cristo se ha hecho presente bajo las especies de pan y de vino con vistas a una presencia más amplia en el mundo. Podemos recordar la unión subrayada por Pablo entre la Eucaristía y la nueva venida de Cristo: «Vosotros anunciáis la muerte del Señor hasta que él vuelva» (1 Cor 11,26). No se trata sólo de una unión entre el anuncio de la muerte de Cristo y una venida que señalará el fin del mundo. Después de la muerte y la resurrección del Salvador se ha iniciado una venida, puesta en acción por su potencia gloriosa, que se manifestó el día de Pentecostés y que perdura en la difusión de la Iglesia. La Eucaristía, renovando la ofrenda del sacrificio redentor, contribuye a una renovación incesante de esta venida y favorece así un continuo crecimiento de la obra que Cristo, a través del Espíritu Santo, realiza en el mundo. Las palabras que se dicen en la consagración eucarística sobre la sangre de la alianza derramada por la multitud, se cumplen realmente a través de la extensión de la alianza divina y la fuerza salvífica de la gracia, que continúa transformando la humanidad entera. Este fruto de la celebración eucarística no cesa nunca de producirse.

Es un fruto esencial debido a la acción suprema de Cristo que ofrece el sacrificio a través del gesto y las palabras del sacerdote. El fruto existe siempre, independientemente de las disposiciones personales del celebrante. Naturalmente, es muy de desear que el sacerdote que celebra la Eucaristía se comprometa con toda el alma en la ofrenda del sacrificio y conforme la propia actitud con la del Salvador. De esta forma puede contribuir a la fecundidad del sacrificio eucarístico por la Iglesia y la humanidad. Pero existe una fecundidad fundamental que se deriva de toda consagración y que garantiza a toda la comunidad cristiana un enriquecimiento espiritual. Cada Misa coopera a la santidad más profunda de la Iglesia y en un influjo más vivo del amor del Salvador sobre el destino de todos los hombres.

Reconozcamos, por tanto, en la Eucaristía un dinamismo animado por el Espíritu Santo que no cesa de alimentar el dinamismo de la Iglesia.

No afirmamos a ciegas sólo que es verdad que la Iglesia hace a la Eucaristía, sino que también es verdad que la Eucaristía hace a la Iglesia. La celebración construye a la Iglesia y la edifica espiritualmente. La Eucaristía, obra del amor de Cristo en su ofrenda salvadora, desarrolla este amor para reunir a los cristianos en una comunidad animada por la fe y por la vida superior del Salvador.

CAPÍTULO VII

LA COMIDA DE COMUNIÓN

I. VALOR DE LA COMIDA

1. La intención de instituir un banquete

Durante la Última Cena, la intención fundamental de Jesús fue la de dar a los discípulos una comida que continuara nutriéndoles siempre en su Iglesia. Con esta comida el Salvador quería comunicar el fruto de su sacrificio, en la realización ritual de la ofrenda del sacrificio. Deseaba dar su cuerpo y su sangre que serían sacrificados en el Calvario, pero quería dejarlos como alimento y bebida, una comida de valor único. Su finalidad era la institución de aquella comida.

Eligiendo como signos visibles de la presencia de su cuerpo y sangre al pan y al vino, manifestaba su intención de instaurar una comida. No le pareció suficiente la repetición del sacrificio, sino que además quiso, a través de la comida, que el fruto del sacrificio penetrara la vida humana para transformarla. No podemos extrañarnos de esta intención de Cristo, porque la comida es por excelencia un acto de la vida social, en el que se expresa la solidaridad y el acercamiento de las personas en la vida de cada día. Queriendo Jesús fundar una comunidad animada por la fe y el amor, se comprende por qué dio a la comida un papel importante en la formación y desarrollo de esta comunidad. Los relatos evangélicos nos muestran que, en la vida pública, las comidas eran momentos en los que

Jesús no sólo se entretenía amigablemente con los discípulos, sino que buscaba también enseñarles; estaba también en la intención de quienes le invitaban a su mesa, pues eran momentos en los que formulaba su doctrina o ponía en claro alguna verdad de su mensaje. A diferencia de Juan Bautista que ayunaba, Jesús participaba gustoso en las comidas con sus contemporáneos: «El Hijo del hombre come y bebe» (Mt 11,19). Come y bebe para compartir la vida de todos cuantos le rodean; las comidas forman parte de sus numerosas manifestaciones de amor por la humanidad, esenciales para el misterio de la Encarnación.

2. **La comida sagrada**

La decisión de proveer una comida espiritual al desarrollo de la Iglesia no deriva simplemente de la importancia aneja a la comida en la vida social.

En la religión hebrea, el papel de la comida en las relaciones con Dios no había sido ignorado. Existían comidas sagradas. Por ejemplo, en la ratificación de la alianza con Dios, el texto del Éxodo nos refiere una doble tradición: una, que describe al sacrificio como rito esencial de la alianza, y otra, que muestra la expresión de la alianza en la comida. En lo referente a esta última tradición se nos dice que los setenta ancianos de Israel, que habían subido con Moisés al monte, contemplaron a Dios: «Y luego comieron y bebieron» (Éx 24,11). Al permitirles aquella visión, Dios les había hecho un favor excepcional, porque según otros textos era imposible ver a Dios sin morir. A la contemplación se adjunta la comida que confirma la introducción en la intimidad divina. Comer y beber en casa de uno significa anudar relaciones de familiaridad con él.

La comida sagrada adquiere, pues, su valor en cuanto que abre el acceso a la intimidad divina. Por esta razón, en el Antiguo Testamento la comida debía ser consumida en la morada divina, en el lugar expresamente elegido por Dios. «A él le buscaréis en el lugar que ha elegido entre todas las tribus para poner allí su nombre y habitar en él. Allí llevaréis vuestros holocaustos y sacrificios, vuestros diezmos y contribuciones, vuestros votos y ofrendas voluntarias, y los primogénitos de vuestro ganado mayor y menor. Allí comeréis en presencia del Señor vuestro Dios, y os regocijaréis vosotros y vuestras familias, por todas las bendiciones que el Señor tu Dios haya derramado sobre ti» (Dt 12,5-7).

En esta descripción podemos constatar la unión que existe entre los sacrificios y la comida. Los sacrificios debían ser ofrecidos en un santuario elegido por Dios, y en el mismo lugar consagrado a Dios se tenían también las comidas.

Si la comida tiene como característica restañar los lazos comunitarios, las que son consumidas en la morada de Dios instauran una mayor y profunda comunidad de vida con Dios. Por otra parte, es Dios quien procura la comida para establecer relaciones de intimidad o de alianza, es él quien toma la iniciativa. Por esto convoca al pueblo en un santuario para la organización de la comida. Asiste a toda la comida: comer es comer en la presencia de Dios y es, por tanto, desarrollar relaciones de amistad con él.

En las prescripciones de la comida es característica la invitación a la alegría. «Alegraos delante del Señor, vuestro Dios, vuestros hijos, vuestras hijas, vuestros esclavos, vuestras esclavas y el levita que habite en vuestra ciudad». La invitación a la alegría no es sólo para la familia, sino para todos aquellos que pertenecen al grupo familiar, como los siervos y las siervas. Todos participan de la alegría de la comida, alegría vista como una bendición divina.

Para favorecer más vivamente esta alegría, se daba el consejo de adquirir en el lugar elegido por Dios todo lo que se podía desear para una comida: «Allí comprarás con el dinero lo que te parezca bien: bueyes, ovejas, vino u otra bebida fermentada, cualquier cosa que te parezca. Lo comerás allí en presencia del Señor tu Dios y te regocijarás junto con tu familia» (Dt 14,26).

Se manifiesta así la intención de Dios de responder a todos los deseos de quienes son invitados a su mesa. En esto se manifiesta una prioridad del amor divino que desea alegrar a su pueblo. Más que imponer reglas que pudieran restringir la elección de los alimentos y testimoniar una desconfianza ante las bebidas embriagadoras, en la profusión de una comida óptima Dios quiere revelar su designio más fundamental, que es el de hacer feliz al hombre. Las fiestas se celebran con banquetes; las fiestas religiosas están marcadas por el banquete en el que Dios se muestra el más generoso porque proporciona la alegría más grande.

3. El banquete escatológico

En la parte más tardía del libro de Isaías, llamada *Apocalipsis*, la felicidad reservada por Dios a la humanidad está representada por un banquete suntuoso. El festín se celebra en la colina de Sión, pero está preparado para *todos los pueblos*, que serán beneficiados con la suerte gloriosa asignada al pueblo hebreo.

«En aquel día, preparará el Señor de los Ejércitos, para todos los pueblos, en este monte, un festín de manjares suculentos. Y arrancará en este monte el velo que cubre a todos los pueblos, el paño que tapa a todas las naciones. Aniquilará la muerte para siempre. El Señor Dios enjugará las lágrimas de todos los rostros, y el oprobio de su pueblo lo alejará de todo el país. —Lo ha dicho el Señor—. Aquel día se dirá: aquí está nuestro Dios, de quien esperábamos que nos salvara; celebremos y gocemos con su salvación» (Is 25,6-9).

La magnificencia del convite es subrayada ampliamente y un comentario acompaña la descripción para que aparezca mejor la eliminación del sufrimiento y el don de la alegría. Dios responde así a la esperanza puesta en él.

En el libro de la Consolación, se pone de relieve con mayor claridad la gratuidad de la comida: «Oíd sedientos todos, acudid por agua también los que no tenéis dinero: Venid, comprad trigo; comed sin pagar vino y leche de balde. ¿Por qué gastáis dinero en lo que no alimenta? ¿Y salario en lo que no da hartura? Escuchadme atentos y comeréis bien, saboread platos sustanciosos. Inclinad el oído, venid a mí: escuchadme y viviréis. Sellaré con vosotros alianza perpetua, la promesa que aseguré a David» (Is 55,1-3).

A la primera comida, que en un tiempo ratificó la alianza establecida con Moisés y los ancianos de Israel, corresponde la última, que sellará la conclusión de la alianza eterna en fidelidad a las promesas hechas a David. La comida hace comprender todos los beneficios y todas las gracias que Dios dará a los hombres con aquella alianza.

También en el libro de las Parábolas de Enoch, cronológicamente más cercano a la época de Cristo, la felicidad de la vida futura está representada por la imagen de un banquete celestial: «El Señor de los espíritus habitará con ellos y éstos comerán con el Hijo del hombre; tomarán parte en su mesa por los siglos de los siglos» (62,14). La felicidad consistirá, por tanto, en sentarse a la mesa con el Mesías o Hijo del hombre, muy cercanos al Señor de los espíritus, es decir, a Dios. La promesa de la felicidad eterna se fundamenta sobre todo en esta compañía.

4. **La comida espiritual**

En el anuncio del banquete celestial, el acento de algunas predicciones apocalípticas había sido puesto en la excelencia de las viandas, para demostrar la generosidad divina. Otra corriente de pensamiento llama la atención, especialmente, sobre la Sabiduría divina; el libro de los Proverbios describe el banquete ofrecido a todos por la Sabiduría: «La Sabiduría se ha construido una casa, ha tallado sus siete columnas. Ha matado los animales, ha preparado el vino y ha aderezado la mesa. Ha mandado a sus esclavas a proclamar sobre los montes más altos de la ciudad: "¡Quien sea inexperto acuda aquí!" A quien no tiene juicio ésta le dice: "Venid, comed mi pan, bebed el vino que yo he preparado. Abandonad la necedad y viviréis, andad derechos por el camino de la inteligencia"» (9,1-6).

La invitación a comer el pan y a beber el vino de la Sabiduría representa, por tanto, una invitación a acoger esta sabiduría en la propia mente y en la propia vida. Se trata de dejar la necedad para encontrar la verdadera vía y comportarse en el mundo de forma más justa. La invitación está dirigida de manera particular a los más sencillos, es decir, a quienes no podrían pensar que ya han alcanzado la sabiduría. El don de la Sabiduría divina es ofrecido a los más despreciados, porque la generosidad del amor divino quiere colmar, sobre todo, a los pobres y a los pequeños.

En el libro del Eclesiástico, la Sabiduría divina está representada como la fuente de beneficios que promete comidas abundantes y embriagadoras: «La Sabiduría embriaga a los fieles de sus frutos, llena toda casa de tesoros y de sus productos los graneros» (Eclo 1,16-17).

Pero la sabiduría no se limita a derramar sus frutos en abundancia: se ofrece a sí misma como comida y bebida: «Venid a mí los que me deseáis, y saciaos de mis frutos. Porque mi recuerdo es más dulce que la miel, mi herencia más dulce que los panales. Los que me comen, tendrán más hambre, los que me beben, tendrán más sed» (Eclo 24,19-21).

En las palabras dirigidas por Jesús a la samaritana se realiza lo que el Antiguo Testamento había anunciado por el banquete de la Sabiduría. Además, este cumplimiento de las figuras de la antigua alianza se verifica en la Eucaristía, donde Jesús, como la antigua Sabiduría, se ofrece en comida y bebida.

II. LA COMIDA EUCARÍSTICA

1. Encarnación y comida

El anuncio del banquete de la Sabiduría, en la antigua alianza, en realidad estaba orientado hacia la Eucaristía, porque el personaje de la Sabiduría encuentra en Jesús su cumplimiento. El mismo Jesús se identificó con la Sabiduría cuando afirmó: «Los hechos dan razón a la Sabiduría de Dios» (Mt 11,19). Las obras de la Sabiduría consistían en los milagros realizados por Jesús en toda su actividad salvadora.

Jesús realiza del modo más concreto lo que la Sabiduría había deseado en el banquete preparado por ésta: hacerse comer, hacerse beber. Las afirmaciones de la Sabiduría pueden tener sólo un valor metafórico: cuando ésta dice: *Cuantos se nutren de mí..., cuantos beben de mí...,* a los verbos *comer* y *beber* se les podía atribuir un significado sólo simbólico. En sentido propio, era imposible comer o beber la Sabiduría; sólo se podía buscarla en el modo de pensar y de actuar y acogerla como un don divino que transforma la mentalidad.

En cambio, en el caso de Jesús, las acciones de comer y beber conservan su sentido y valor, como hacen comprender las palabras clarísimas del discurso en el que promete la institución de la Eucaristía: «Quien come mi carne y bebe mi sangre tiene vida eterna» (Jn 6,54). Naturalmente, lo que es dado a comer y a beber no es alimento y bebida ordinaria. Se trata de comer la carne de Cristo en estado glorioso, ya llena del Espíritu Santo; se trata de beber su sangre en el mismo estado. Pero comer y beber son esenciales. «Porque mi carne es verdadera comida y mi sangre verdadera bebida» (Jn 6,55). Aun asumiendo un nuevo alcance en el misterio de la presencia del cuerpo y de la sangre de Cristo, la comida subsiste en el comer y beber.

Lo que permite este comer y beber es el misterio primordial de la Encarnación. La Sabiduría se describía como una persona divina venida entre los hombres, pero no se había encarnado. No tenía ni carne ni sangre. Jesús, en cambio, es persona divina venida al mundo con la plena realidad de una Encarnación que lo hace vivir como a los demás hombres en una condición de carne y sangre.

En virtud de la Encarnación, Jesús se define a sí mismo como comida eucarística: «Yo soy el pan de vida» (Jn 6,35). Esta expresión usada en el evangelio de Juan deja entrever que la persona divina de Cristo es ella misma el alimento dado a la humanidad para una vida nueva. La persona divina es pan de vida sólo a través del cuerpo y la sangre que le pertenecen. Sin embargo, permanece verdadero que es el Hijo de Dios, como persona, quien se ofrece en comida y bebida.

Jesús insiste en esta implicación de su persona divina de Hijo en la comida eucarística, cuando afirma: «Porque el pan de Dios es el que baja del cielo y da vida al mundo» (Jn 6,33). El don divino del pan coincide con el don de la Encarnación. *Descender del cielo* y *dar la vida al mundo* son dos frases características de la Encarnación: el término *pan* es el que hace reconocer a la Eucaristía. En la consagración eucarística, el Hijo desciende del cielo y en el pan eucarístico da la vida al mundo. Así la Eucaristía no cesa de renovar el proceso de la Encarnación.

El pan de Dios no es simplemente el pan dado por Dios; según la afirmación *yo soy*, es Dios mismo quien se ofrece como pan. En la Eucaristía Jesús no implica sólo a su cuerpo y su sangre, sino que se implica él mismo entero. Por esto para él la comida eucarística consiste en comunicar la propia vida a los hombres. Se trata de la comunicación de la vida divina misma, vida poseída por el Hijo y puesta a disposición de todos aquellos que están destinados a compartir su filiación. Esto está contenido en la afirmación: «Quien come mi carne y bebe mi sangre tiene vida eterna» (Jn 6,54).

Toda la vida de la gracia es comunicación de esta vida eterna del Hijo. Pero la comunicación se realiza, por excelencia, en la Eucaristía. El gesto de comer y beber representa una penetración más profunda de la vida de Cristo en lo íntimo de la persona, una asimilación más completa de la vida personal por la vida superior del Hijo encarnado.

2. Banquete animado por el Espíritu vivificador

El Antiguo Testamento había anunciado un banquete espiritual, el ofrecido por la Sabiduría y en el que la Sabiduría divina se daba a sí misma como comida y bebida. Este anuncio se cumple gracias al hecho de que Jesús, en cuanto persona divina, se ofrece en comida y bebida con su cuerpo y su sangre.

Pero el banquete espiritual, según las aclaraciones dadas en el Evangelio, comporta una contribución esencial del Espíritu Santo. Jesús reaccionó con fuerza a la incomprensión de los que le oían, quienes habían pensado que el alimento eucarístico era el de su carne en su estado actual, terreno. Hemos comentado ya la respuesta en la que subraya que la carne dada en alimento será la del Hijo del hombre retornado al cielo, es decir, una carne animada por el Espíritu Santo, porque en sí misma, en su sola calidad de carne, *la carne no sirve para nada.* «Es el Espíritu el que vivifica» (Jn 6,63). Así podemos entender en qué sentido deben ser comprendidas todas las palabras dichas sobre la carne y la sangre del Hijo del hombre; son palabras que son *Espíritu y vida*: carne y sangre son realidades en las cuales se encuentra la vida del Espíritu, que les confiere significado pleno.

Al afirmar que, en la comida eucarística, Jesús comunica la propia vida divina, porque es él quien se hace comer y beber, debemos precisar que esta vida es dada a través del Espíritu Santo. También en cuanto alimento y bebida eucarística, Cristo actúa y transforma a la humanidad a través del Espíritu. En Pentecostés, en el momento del nacimiento de la Iglesia, según el discurso de Pedro, es él quien infunde el Espíritu Santo que había recibido del Padre (Hch 2,33). Aquella primera salida de la comunidad cristiana contenía el principio de todo el desarrollo futuro, en el que el Espíritu Santo iba a desarrollar un papel esencial.

En conformidad con este principio de desarrollo de la actividad salvadora y transformadora de Cristo a través del Espíritu Santo, la Eucaristía implica, en la carne dada como comida, una animación especial debida al Espíritu. La comida eucarística propaga la vida del Espíritu. Ello no significa que la Eucaristía deba ser considerada un sacramento del Espíritu Santo. La Eucaristía sigue siendo el alimento que consiste en el cuerpo y en la sangre de Cristo. El Espíritu Santo mismo tiende a glorificar a Cristo (Jn 15,14) y cuando con su fuerza forma testigos, son testigos de Cristo (Hch 1,8). Siempre es Cristo, por tanto, quien se ofrece a sí mismo en comida y bebida, pero alimento y bebida reciben su eficacia espiritual del Espíritu Santo que los colma.

Así pues, a través del banquete eucarístico son infundidos entre los cristianos los dones del Espíritu Santo. En la Primera Carta a los Corintios (12,1-11), san Pablo describe la diversidad de los dones espirituales o carismas que caracterizan la vida y el crecimiento de la Iglesia. Son dones distribuidos de manera general, según la voluntad soberana del Espíritu Santo; no hay ninguna referencia a la Eucaristía. Sin embargo, cuando a continuación recomienda a los cristianos aspirar a los dones superiores, la fe, la esperanza y sobre todo la caridad (cf. 12,31; 13,13), no podemos olvidar que, en la adquisición de estos dones, la Eucaristía puede tener un papel importante.

De forma particular para la caridad, el papel de la Eucaristía no puede ser olvidado. En efecto, Jesús hace comprender la unión que existe entre la Eucaristía y la caridad cuando, en la Última Cena, formula el mandamiento nuevo: «Amaos unos a otros como yo os he amado» (Jn 13,34; 15,12). A los discípulos, que habían expresado con demasiada frecuencia su rivalidad, con la Eucaristía les da la fuerza espiritual necesaria para mantener relaciones de buen entendimiento. Él contaba con el banquete eucarístico para hacer capaces a sus discípulos de observar el gran precepto del amor recíproco. El don divino que esta comida contiene para garantizar la victoria del amor sobre todas las pasiones contrarias, era un don del Espíritu Santo.

Naturalmente, la Eucaristía no es la única vía a través de la cual el Espíritu Santo distribuye sus dones, pero sí es una vía importante, sobre todo para la difusión de la caridad. Dándose como alimento espiritual, Jesús enciende en todos los corazones humanos el fuego del amor, a través del Espíritu Santo.

3. **Eucaristía y epíclesis**

Como el Espíritu Santo desarrolla un papel vivificador en el don del cuerpo y sangre de Cristo dados en alimento y bebida, no sorprende que él tenga un papel especial en la ofrenda del sacrificio y en el fruto espiritual de la comida. Este papel está expresado en la liturgia a través de la epíclesis.

La epíclesis es la invocación que tiene la finalidad de obtener el don del Espíritu Santo. La epíclesis concierne sobre todo a la consagración: el Espíritu Santo es invocado con vistas a la transformación del pan y del vino en cuerpo y sangre de Cristo.

Hay también otra epíclesis que tiene como objetivo la comunión: el efecto espiritual del banquete eucarístico se pide al Espíritu Santo.

En lo relativo a la epíclesis que se refiere a la consagración, hay desacuerdo entre ortodoxos y católicos, en cuanto que los ortodoxos consideran a la epíclesis como la fórmula esencial que realiza la consagración. En esta óptica, las palabras de la institución no hacen otra cosa que expresar cuanto ya está significado en la epíclesis. En el concilio de Florencia, el decreto para los Armenios afirma que la forma del sacramento consiste en las palabras del Salvador, palabras de la institución (DS 1321). Muchas afirmaciones pontificias sostienen como necesarias y suficientes para la validez de la consagración las palabras de Cristo. Pío X lo dice claramente: «mas ni siquiera [...] la doctrina católica sobre el santísimo sacramento de la Eucaristía permanece intacta, al enseñarse obstinadamente que podemos aceptar la opinión según la cual para los Griegos las palabras de la consagración no obtienen su efecto sino sólo después de la recitación de la invocación denominada epíclesis» (DS 3556). El Santo Oficio, el 23 de mayo de 1957, declara que celebra válidamente sólo quien pronuncia las palabras de la consagración (AAS 49 [1957] 370).

Pero de esto no podemos concluir que la epíclesis no tenga valor. En la celebración eucarística, la invocación al Espíritu Santo es verdadera petición, porque responde al cumplimiento del misterio eucarístico; a través del Espíritu Santo la ofrenda de Cristo sube al Padre y, a través de él, el pan y el vino, en esta ofrenda, son transformados en cuerpo y sangre de Cristo.

CAPÍTULO VIII

CULTO A LA PRESENCIA EUCARÍSTICA

I. DESARROLLO DEL CULTO A LA PRESENCIA

La celebración eucarística, partiendo de la doble orden de reiteración dada por Cristo: «Haced esto en conmemoración mía» (1 Cor 11,24-25; Lc 22,19), ha originado un desarrollo litúrgico considerable, que se ha ampliado en el transcurso de los siglos. En torno al núcleo de la doble consagración se han organizado las plegarias, los ritos y las lecturas con las que la comunidad cristiana se esfuerza por participar, lo más intensamente posible, en el memorial instituido por el Salvador.

De modo más particular, es importante notar un desarrollo más tardío, que hace referencia al culto a la presencia eucarística. En los primeros siglos, la Eucaristía era adorada públicamente, pero sólo durante el tiempo de la Misa y de la Comunión. La conservación de la Hostia consagrada, originariamente estaba prevista para llevar la Comunión a los enfermos y a los ausentes. Sólo durante el Medioevo, en Occidente, se manifiesta un culto más deliberadamente dirigido a la presencia, acentuando la adoración.

En el siglo XII se introduce un nuevo rito en la celebración de la Misa: la elevación de la Hostia consagrada en el momento de la consagración. Esto constituye una invitación a reconocer más expresamente la presencia de Cristo y a adorarlo.

En el siglo XIII, la adoración de la Hostia se desarrolla fuera de la Misa y acrecienta la afluencia popular en las procesiones del Santísimo Sacramento.

Por impulso de san Julián de Mont Cornillon, en Lieja (Bélgica), en 1247 se introduce la fiesta del Santísimo Sacramento. Con la bula *Transiturus* en 1264, el papa Urbano IV extiende la fiesta a la Iglesia universal. Es la fiesta del *Corpus Christi,* instituida para *adorar, venerar, glorificar, amar y abrazar* este sacramento tan excelso.

En el siglo XIV se introduce el uso de la exposición de la Hostia en el ostensorio. Después, en algunas regiones, el Santísimo es expuesto durante la recitación de las horas canónicas. Las bendiciones con el Santísimo se multiplican. A finales del siglo XV se afirma la práctica de las *Cuarenta Horas* delante del Santísimo expuesto, en memoria de las cuarenta horas pasadas por el Señor en el sepulcro.

Durante el Renacimiento se erige un tabernáculo sobre el altar mayor. Las visitas privadas al Santísimo Sacramento se difunden en el siglo XVIII por san Alfonso María de Ligorio.

Tenemos que reconocer en todo este desarrollo un valor doctrinal: se trata de una evolución fundamentada sobre la fe en la presencia eucarística de Cristo. Es de notar que el *Oficio del Corpus Christi* fue preparado por santo Tomás de Aquino; señal de que la institución de la fiesta estaba en armonía con la reflexión teológica. Recordamos las palabras poéticas que el santo escribió para la ocasión: *Pange lingua.*

Que la lengua humana / cante este misterio:
la preciosa sangre / y el precioso cuerpo.
Quien nació de Virgen / Rey del Universo,
por salvar al mundo / dio su sangre en precio.

Se entregó a nosotros, / se nos dio naciendo
de una casta Virgen; / y, acabado el tiempo,
tras haber sembrado / la Palabra al pueblo,
coronó su obra / con prodigio excelso.

Fue en la última cena / —ágape fraterno—,
tras comer la Pascua / según mandamiento,
con sus propias manos / repartió su cuerpo,
lo entregó a los Doce / para su alimento.

La Palabra es carne / y hace carne y cuerpo
con palabra suya / lo que fue pan nuestro.
Hace sangre el vino, / y aunque no entendemos,
basta fe si existe / corazón sincero.

Adorad postrados / este sacramento.
Cesa el viejo rito. / Se establece el nuevo.
Dudan los sentidos / y el entendimiento:
que la fe lo supla / con su asentimiento.

Himnos de alabanza, / bendición y obsequio;
por igual la gloria / y el poder y el reino
al eterno Padre / con el Hijo eterno
y el divino Espíritu / que procede de ellos.
Amén.

El concilio de Trento, después de haber afirmado la presencia real y la transubstanciación, enuncia el principio fundamental del culto de adoración debido a la Eucaristía: «No hay, pues, ningún motivo para dudar de que todos los fieles cristianos, según el uso recibido de siempre en la Iglesia católica, deben rendir y venerar a este santísimo sacramento con el culto de latría, debido al verdadero Dios. Ni, del mismo modo, porque haya sido instituido por Cristo Señor como alimento (cf. Mt 26,26ss), debemos adorarlo menos. Nosotros creemos que en él está presente el mismo Dios, de quien el Padre eterno ha dicho, al introducirlo en el mundo: "Y lo adoren todos los Ángeles de Dios" (Heb 1,6; ex Sal 96,7), al que los Magos "postrándose lo adoraron" (cf. Mt 2,11), a él, de quien, finalmente, la Escritura atestigua que fue "adorado" en Galilea por sus apóstoles (cf. Mt 28,17)» (DS 1643).

II. EL CULTO A LA PRESENCIA EN LA CELEBRACIÓN EUCARÍSTICA

Conviene recordar que, en el momento de la institución de la Eucaristía, Jesús afirmó directa e inmediatamente la presencia de su cuerpo y de su sangre. Puesto que invitaba a sus discípulos a comer y a beber, habría podido limitarse a decir: *Comed mi cuerpo*, *Bebed mi sangre.* Prefirió servirse de palabras que anunciaban la realidad de su carne y de su sangre: *Esto (es) mi cuerpo*, *Esto (es) mi sangre.*

Pedía a sus discípulos creer, sobre todo, en esta realidad. Por esto, un año antes de la Última Cena, había pedido un acto de fe por parte de sus discípulos, acto de fe tanto más meritorio y más válido en cuanto que representaba una resistencia al movimiento general de defección que se había producido en el momento del anuncio de la Eucaristía. Jesús les había pedido aquel acto de fe como condición de aceptación para continuar en su seguimiento: «¿También vosotros queréis marcharos?», les dijo a los Doce (Jn 6,67).

Para permanecer con el Maestro, los discípulos debían creer en la comida misteriosa con la que el Hijo del hombre daría a comer su carne y a beber su sangre. Ellos debían reconocer en él el pan bajado del cielo, pan que da la vida al mundo. El acto de fe pedido a los discípulos es, ante todo, un acto de fe en la persona divina de Cristo. Sólo quien es Dios puede procurar al mundo la vida haciéndose a sí mismo alimento de los hombres. Lo reconoce confusamente Pedro diciendo: «¿A quién iremos? Tú tienes palabras de vida eterna» (Jn 6,68-69). ¿A quién acudir sino a Aquel que pronuncia las palabras divinas y posee la santidad de Dios?

En la Eucaristía hay una afirmación esencial de la presencia divina. Hay, pues, una invitación a la adoración. Aquel que se ofrece en su cuerpo y en su sangre como alimento y bebida, pide ser acogido por el valor divino de su don.

Las declaraciones de Jesús referentes a su presencia personal en la Eucaristía deben ser acogidas en todo su alcance. Superan la afirmación de la carne dada en comida y de la sangre dada en bebida, porque la presencia de una persona no puede ser reducida a la utilidad que ella presta o al servicio que rinde. También cuando Jesús dice: *El que me come...*, alude a una presencia personal que no es absorbida por una función de nutrición.

La presencia eucarística no puede ser considerada nunca como la presencia de una cosa, constituida por el cuerpo y la sangre. Es, esencialmente la presencia de quien, a través de su cuerpo y su sangre, dice: *Yo soy*. Esta presencia merece ser apreciada por la dignidad de una persona que se hace presente con el amor, y precisamente con la dignidad suprema de una persona divina.

Por esto, en la participación de la celebración eucarística, precede una actitud de adoración ante Jesús que se hace presente en la comida de comunión.

Sólo una actitud así puede disponer al cristiano a recibir el cuerpo y la sangre de Jesús con el respeto y la veneración que le son debidos. Sólo ella puede dar a la comunión su verdadero significado, el de un contacto íntimo de persona a persona con el Hijo de Dios hecho hombre.

Es necesario precisar en qué sentido hay esta adoración. Podríamos preguntarnos, de hecho, si la adoración puede dirigirse a una hostia. La adoración no se queda en la hostia en cuanto tal, que solamente es signo sensible de la presencia del cuerpo de Cristo. A través de la Hostia, el acto de adoración se dirige, por medio de la fe, al cuerpo invisible de Cristo. Este cuerpo puede y debe ser adorado porque pertenece a la persona divina del Hijo de Dios. La adoración, efectivamente, está dirigida sólo a la persona. Lo recuerda con palabras profundas el antiguo himno *Adoro te devote:*

Te adoro devotamente, oculta Deidad,
que bajo estas ocultas especies te ocultas verdaderamente.
A ti mi corazón se somete totalmente,
pues al contemplarte, se siente desfallecer por completo.

La vista, el tacto, el gusto, son aquí falaces;
sólo con el oído se llega a tener fe segura.
Creo todo lo que ha dicho el Hijo de Dios,
nada más verdadero que esta palabra de la Verdad.

En la cruz se ocultaba sólo la Divinidad,
mas aquí se oculta hasta la humanidad.
Pero yo, creyendo y confesando entrambas cosas,
pido lo que pidió el ladrón arrepentido.

Tus llagas no las veo, como las vio Tomás;
pero te confieso por Dios mío.
Haz que crea yo en ti más y más,
que espere en ti y te ame.

¡Oh recordatorio de la muerte del Señor,
pan vivo, que das vida al hombre!
Da a mi alma que de ti viva
y disfrute siempre de tu dulce sabor.

Piadoso pelícano, Jesús Señor,
límpiame a mí, inmundo, con tu sangre;
una de cuyas gotas puede limpiar
al mundo entero de todo pecado.

¡Oh Jesús, a quien ahora veo velado!
Te pido que se cumpla lo que yo tanto anhelo:
Que viéndote finalmente cara a cara,
sea yo dichoso con la vista de tu gloria.
Amén.

III. EL CULTO A LA PRESENCIA FUERA DE LA CELEBRACIÓN EUCARÍSTICA

Jesús no ha pedido expresamente que fuera dado culto a su presencia eucarística fuera de la celebración del sacrificio eucarístico y de la comunión. Pero con las palabras de la consagración ha dado la presencia de su cuerpo y de su sangre con una afirmación que no ponía límites a tal presencia.

Ciertamente, nos ha dado su cuerpo y su sangre en el cumplimiento de la ofrenda del sacrificio que reproduce sacramentalmente el sacrificio de la cruz, por lo cual su presencia personal está comprometida en el sacrificio, a través del cual asume todo su valor. Pero no ha limitado tal presencia dentro del espacio de tiempo necesario para la ofrenda del sacrificio.

Del mismo modo, al darnos su presencia bajo los signos del pan y del vino pensaba en la comida de comunión. Pero, ciertamente, no expresó la voluntad de hacer cesar el don de su cuerpo y sangre una vez terminada la comida.

Podemos recordar que las palabras de la consagración, elegidas cuidadosamente, aun implicando una invitación a comer y beber, se limitan a afirmar la realidad del cuerpo y de la sangre, sin indicar un límite de tiempo a la desaparición de la misma presencia. Por lo cual, hasta que las *especies* duran sin corromperse, la presencia del cuerpo y de la sangre permanece invariable.

Por otra parte, conviene subrayar que las palabras *Esto (es) mi cuerpo, esto (es) mi sangre* expresan un don hecho a los hombres; podríamos traducir: *He aquí mi cuerpo, he aquí mi sangre.* Viniendo de Jesús, esto es un don de una generosidad sin límites. Con estas palabras sencillísimas, ha dejado en las manos de los discípulos su presencia sacramental. No ha querido poner restricciones a la duración de esta presencia, dejando a su Iglesia el cuidado de acogerla en toda la amplitud del don divino que ella comporta. Por consiguiente, podemos decir que, según la intención de Cristo, la presencia eucarística es un don completamente abierto, sin restricción o límite de horizonte.

Lo cierto es que la presencia eucarística permanece como un don esencialmente destinado a la celebración del sacrificio eucarístico y a la comida de comunión. No puede ser considerada ni venerada fuera de cualquier otra relación con la celebración. La adoración de la presencia prepara a la ofrenda del sacrificio y a la comunión. Además, se deriva del sacrificio y de la comida para prolongar su eficacia. Es decir, es simultáneamente introducción a la celebración y fruto de la misma.

La intención de Cristo de desarrollar el culto de su presencia se descubre de forma particular en la promesa hecha a los discípulos antes de su partida definitiva de la tierra: «Y sabed que yo estoy con vosotros todos los días, hasta el fin del mundo» (Mt 28,20). Esta promesa, con la que se concluye el Evangelio de Mateo, es de un valor único: hace alusión al nombre de Dios ya citado en Mt 1,23: *Emmanuel, Dios con nosotros,* y manifiesta la preocupación esencial del Maestro en el momento en que está para desaparecer de la vista de sus discípulos. Sabiendo que está en el momento de imponerles el dolor por su ausencia, les garantiza una presencia continua. Y añade la precisión *con vosotros*, para asegurar que se trata de una presencia que no les podrá ser arrebatada jamás; de ahora en adelante están indisolublemente unidos a la persona de Cristo. Después precisa que será una presencia de *todos los días*, presencia que señalará el curso ordinario de todas sus jornadas. Diciendo que será así *hasta el fin del mundo*, les deja entrever que su presencia les acompañará en la gran misión de evangelización de todas las naciones, que terminará al final de la historia de la humanidad.

Si Jesús tenía la intención de garantizar esta presencia en virtud de las relaciones íntimas que quería instaurar de manera continua con los discípulos, podemos concluir que deseaba ofrecerles la presencia que él mismo había puesto a su disposición a través de la institución de la Eucaristía. Puesto que la intimidad que había estrechado con los hombres tenía un aspecto sacramental, la presencia de la que deseaba colmarlos debía tener también ella un aspecto sacramental, y esto debía realizarse a través de la Eucaristía. La presencia muy cercana a cada uno, presencia de todos los días, garantizada hasta el fin del mundo, se realiza del modo más adecuado a través de la Eucaristía.

Durante la Última Cena, al pronunciar por primera vez las palabras de la consagración, Jesús no ignoraba que la presencia de su cuerpo y de su sangre estaba destinada a transformar el destino de la humanidad. ¿No podemos pensar que él tuviera la certeza interior de que su carne sería reconocida como alimento ideal y buscada por cuantos tienen hambre de Dios? Además, siendo consciente de atraer hacia sí a todos los hombres (cf. Jn 12,32), deseaba ser, a través de la Eucaristía, centro de adoración para todos los creyentes, ofrecer a quienes se adhirieran a él una posibilidad más tranquila de culto y de intimidad contemplativa.

IV. PAPEL CENTRAL DE LA PRESENCIA

El desarrollo del culto a la presencia ha representado, en el transcurso de los siglos, un progreso en la toma de conciencia sobre la riqueza del misterio de la Eucaristía.

Este culto se armoniza plenamente con la celebración del sacrificio y de la comida eucarística. Contribuye a acoger mejor el sentido de la participación en la ofrenda sacramental de Cristo; tiende a concentrar mejor la atención en la persona del Salvador en la comunión.

En algunas manifestaciones de culto no podemos menos de reconocer un impulso de intensa veneración con la que el pueblo quiere testimoniar su reconocimiento por el don divino de la Eucaristía. Pero conviene añadir que Cristo mismo había deseado esta respuesta en el momento de la institución durante la Última Cena y había querido provocar un movimiento de adoración que reconociese el valor de su presencia.

Esta presencia es una llamada a la fe y al amor; ocupa un puesto central en la religión cristiana, como presencia ligada al templo nuevo edificado por la resurrección. Es fuente de esperanza, desde el momento en que la Eucaristía nos asocia a la pasión de Cristo, *hasta que él vuelva* y para quien venga.

V. EL CULTO EUCARÍSTICO EN LAS IGLESIAS ORIENTALES

No ha existido ni existe un culto eucarístico en las Iglesias orientales porque no se han dado las condiciones históricas que impulsaron a la Iglesia latina a intensificar su culto a la presencia real de Cristo en la Eucaristía, no sólo durante la celebración eucarística sino también fuera de ella. Toda tradición de la Iglesia tiene el derecho de expresarse según la propia índole, los ritos propios y las propias costumbres. En efecto, como afirma el *Decreto conciliar sobre las Iglesias Católicas Orientales,* entre los diversos ritos de la Iglesia «rige una verdadera comunión, y así, la variedad en la Iglesia, lejos de ir contra su unidad, la manifiesta mejor. Es deseo de la Iglesia católica que las tradiciones de cada Iglesia particular o rito se conserven y mantengan íntegras, y quiere igualmente adaptar su propia forma de vida a las diferentes circunstancias de tiempo y lugar» (OE 2). Es necesario tener presente igualmente, como afirma siempre el mismo Concilio Vaticano II, que cada rito de la Iglesia, cada tradición y cada patrimonio espiritual «gozan de igual dignidad: ninguna de ellas aventaja a las demás por razón del rito, y todas disfrutan de los mismos derechos y están sujetas a las mismas obligaciones» (ibid., 3).

Sin embargo, aunque no exista la tradición del culto eucarístico fuera de la Misa (hora santa, bendición eucarística, procesión eucarística...), las Iglesias orientales (tanto las que están en comunión con el obispo de Roma como las que no están en plena comunión) conservan igualmente una gran veneración por la santa Eucaristía, también fuera de la celebración de la sagrada liturgia.

Estas Iglesias, por tradición, han sido llevadas más a tener un culto externo, sobre todo por los sagrados *iconos* considerados como un *sacramental* de la presencia personal. En ellos se representa un *rostro* —sobre todo el Rostro de Cristo— o acontecimientos de la historia de la salvación —sobre todo los misterios de Cristo y de la Madre de Dios— que, en concomitancia con la celebración eucarística y en estrecha relación con ella y con el Año Litúrgico, hacen presente a los fieles el misterio celebrado e inducen al creyente a imitar el prototipo. A este propósito, enseña el VII Concilio Ecuménico (II de Nicea, sobre las imágenes sagradas): «Cuanto más frecuentemente son contempladas estas imágenes, tanto más quienes las contemplan se sienten movidos al recuerdo y al deseo de los modelos originales y a tributarles, besándolos, respeto y veneración... El honor rendido a las imágenes, en realidad, pertenece a aquel que está representado en ellas, y, quien venera la imagen, venera la realidad de quien en ella se reproduce» *(Mansi,* XIII, 482). La Eucaristía puede ser considerada el *Icono* por excelencia; efectivamente, ella es el sacramento de Aquel que es «imagen [icono] de Dios invisible» (Col 1,15).

La división de los cristianos es fuente de gran sufrimiento porque es un obstáculo a la participación común en la Eucaristía *centro y cumbre* de la vida de la Iglesia y sacramento de unidad.

De hecho, la Eucaristía expresa a la vez la unidad y nos comunica la gracia. En cuanto expresión de la unidad, la *communicatio in sacris* no es posible. En cuanto medio de gracia, puede estar permitida en circunstancias concretas, determinadas por la autoridad de la Iglesia (cf. UR 8).

Según la doctrina católica, las Iglesias y comunidades de tradición protestante no han conservado la substancia genuina e integral del Misterio eucarístico. La participación común en la Eucaristía no es, pues, posible.

Los sacramentos y los ministerios deben ser tema de diálogos (cf. ibid., 22). De hecho ya se han dado pasos significativos hacia la unidad. La participación de todos los cristianos en la única Mesa del Señor debe ser objeto de nuestras plegarias intensas.

VI. EL CONGRESO EUCARÍSTICO

El Jubileo del Año 2000, mientras introduce a los cristianos en el tercer milenio de su historia, les mueve a contemplar con ojos siempre nuevos el misterio de la Encarnación de Dios. En Jesús de Nazaret, Dios se ha hecho hombre para revelar el misterio trinitario de su amor y salvar a la humanidad. Como se ha visto en las páginas precedentes, este misterio se prolonga en la historia y los hombres, en cada época se interrogan cómo es posible para Jesucristo, Dios, amar hasta el punto de darse a sí mismo en el acto supremo de la muerte en cruz. Este acontecimiento no se refiere a un hecho del pasado, sino que, mediante el sacramento de la Eucaristía, se actualiza cada día hasta el fin de los tiempos. Efectivamente, la Eucaristía atestigua que Jesús está con nosotros para siempre y nos ama, ofreciendo el perdón de la reconciliación y de la comunión de vida con Dios.

Tiene un significado pleno, por tanto, que Juan Pablo II haya querido la celebración del Congreso Eucarístico Internacional durante el desarrollo del Gran Jubileo. En la carta *Tertio millennio adveniente,* escribe textualmente: «Siendo Cristo el único camino al Padre, para destacar su presencia viva y salvífica en la Iglesia y en el mundo, se celebrará en Roma, con ocasión del Gran Jubileo, el Congreso Eucarístico Internacional. El dos mil será un año intensamente eucarístico: en el sacramento de la Eucaristía, el Salvador, encarnado en el seno de María hace veinte siglos, continúa ofreciéndose a la humanidad como fuente de vida divina» (TMA 55).

Por tanto, el Año Santo tiene en el Congreso Eucarístico Internacional su corazón y su momento culminante, porque la celebración del misterio eucarístico es el centro de toda la vida de la Iglesia. No serán, por consiguiente, dos acontecimientos, sino, puestos uno a la luz del otro, un solo y gran acontecimiento que encuentra pleno significado.

La celebración del Congreso Eucarístico Internacional se desarrollará, también temporalmente, en la mitad del año jubilar y en la ciudad donde Pedro y Pablo dieron a Cristo el testimonio supremo de su amor. Se abren ante nosotros las puertas de un nuevo milenio de la era cristiana; el Congreso Eucarístico viene a ser una llamada para un testimonio más coherente de la fe a fin de responder con mayor convicción a las diversas preguntas que están presentes en el corazón de cada persona. La Iglesia de Roma, convocada por su obispo, el Papa, bien conoce la misión peculiar que la caracteriza ante las otras Iglesias hermanas. Al celebrar este Congreso Eucarístico, deberá expresar una vez más su fidelidad a la misión que, por un providencial y escondido designio divino, Cristo ha querido que fuese confiada sólo a ella.

Los cristianos, por tanto, están llamados a *celebrar* este Congreso Eucarístico como un acontecimiento del cual extraer nueva fuerza para ser capaces de corresponder siempre a la misión de una nueva evangelización. Los peregrinos del año jubilar deberán ser capaces de acoger la riqueza de la gracia que la Eucaristía ofrece y podrán abrir el corazón a una gran esperanza para la espera del retorno del Señor Resucitado.

CAPÍTULO IX

LA EUCARISTÍA EN LA VIDA DE LOS CRISTIANOS

I. UNIÓN ÍNTIMA CON CRISTO

La comida eucarística tiene como primer efecto una unión más íntima con Jesús. Él entra como alimento en la persona del creyente para estrechar con él unas relaciones más fuertes y transformar todo su interior.

Jesús afirma: «Quien come mi carne y bebe mi sangre permanece en mí y yo en él» (Jn 6,56). La finalidad de la comida eucarística no consiste, por tanto, en una unión pasajera sino duradera. Quien recibe el cuerpo de Cristo en la Comunión, lo acoge para crear una intimidad destinada a prolongarse.

Hablando de la vida de la gracia, durante la Última Cena, Jesús se define a sí mismo como vid, cuyos sarmientos difunden la vida. Para los sarmientos, el problema es permanecer unidos a la vid. *Permaneced en mí, como yo en vosotros.* Esta recomendación tiende, sobre todo, a garantizar la fecundidad de la vida: «Como el sarmiento no puede dar fruto por sí mismo si no permanece en la vid, así también vosotros si no permanecéis en mí» (Jn 15,7). «Quien permanece en mí y yo en él, da mucho fruto, porque sin mí no podéis hacer nada» (Jn 15,5). Pero no es sólo una finalidad de fecundidad, aunque es importante. Permanecer unidos a Cristo, permanecer en él, como él habita en nosotros, es un objetivo a perseguir por sí mismo, porque corresponde a la necesidad más profunda de la persona.

El ejemplo de san Pablo demuestra que se trata de la aspiración más fundamental del ser humano, al menos del que ha descubierto a Cristo y cree en él. Pablo expresaba su deseo de felicidad del más allá: «Deseo morir para estar con Cristo» (Flp 1,23).

A esta aspiración, en la vida presente, ha querido responder la Eucaristía. La comida es comida de comunión con Cristo, es decir, una comida que establece una unión con él, que toma todo el ser y permite al creyente permanecer en él como él permanece en nosotros.

II. LA PRESENCIA DE MARÍA EN LA COMUNIDAD QUE CELEBRA LA EUCARISTÍA

1. La experiencia eucarístico-mariana de la Iglesia

La Eucaristía es el alma de la Iglesia. Es el corazón vivo de las grandes catedrales así como de las pequeñas y pobres cabañas de misión. Pero al lado de la Eucaristía, la piedad de los fieles pone siempre la imagen de la Virgen. Es decir, María es vista como asociada a Cristo su Hijo en la comunidad que celebra la Eucaristía. Ella hace referencia esencial y continua al Cristo eucarístico, como queriendo subrayar la necesidad de alimento espiritual y de comunión, provenientes del sacramento de la Eucaristía. Es lo que sucede en las peregrinaciones marianas y en los santuarios marianos, donde todo está centrado en la Eucaristía, fuente y cumbre de toda piedad y espiritualidad mariana.

2. Fundamentos bíblicos

¿Se trata de una «originalidad católica», o más bien esta presencia de María en la comunidad que celebra la Eucaristía tiene un fundamento bíblico?

A primera vista, parece que en este tema existen sólo indicios indirectos. Hay algunos pasajes, por ejemplo, en los que se menciona en la participación de la primera comunidad cristiana en la cena del Señor (1 Cor 11,16-20), o en la fracción del pan (Hch 2,42-47); 20,7). Se deduce de ello que, muy probablemente, María se haya insertado en la vida comunitaria, participando en la Eucaristía presidida por los apóstoles.

También está la cuestión de si María habría estado presente en la Última Cena. Se responde que tal presencia no puede ser excluida por dos razones: 1) según Jn 19,27, María estaba en Jerusalén precisamente en aquellos días; 2) según la costumbre hebrea sobre la cena pascual, correspondía a la madre de familia —y todavía hoy— encender las lámparas; pudo suceder, por tanto, que María hubiera estado para cumplir este deber en la Última Cena.

Se hace notar, finalmente, cómo Lucas subraya el valor simbólico decididamente eucarístico de Belén, que según una etimología popular era la *casa del pan* (María *domus* por excelencia del *pan de vida* que es Cristo), y del pesebre, en el que fue colocado el niño (Lc 2,7.12.16).

Existen también otros datos muy significativos y pertinentes, que nos han sido consignados por Juan en dos escenas altamente simbólicas, desde el punto de vista eucarístico, en los cuales María tiene su parte central al lado de Jesús. Se trata del episodio de las bodas de Caná (Jn 2, que hay que unir estrechamente al de la multiplicación de los panes, en Jn 6), y del episodio del Calvario en Jn 19.

En el inicio del signo del vino está decididamente la iniciativa de María con el encargo dado a los sirvientes: «Haced lo que él os diga» (Jn 2,5). Caná es el comienzo de los signos, también del signo del pan, y representa el inicio de la nueva economía sacramental, el centro es dado desde la Eucaristía.

En esta nueva economía, María es llamada no tanto *madre* como *mujer*. Este pasaje indica que la Virgen viene a ser *cabeza-estirpe* (= *mujer* de Gén 2,23) de una nueva generación, la de la comunidad eclesial, que se nutre de la sangre y del cuerpo eucarístico de Cristo. El evangelista Juan subraya aquí el papel que tenía la Virgen madre en la comunidad eclesial postpascual.

No sólo en el libro de los signos, sino también en el de la pasión, Juan da una aportación decisiva a la dimensión eucarística de la figura de María. En Jn 19,25-27, Jesús confía el discípulo a María y a María el discípulo. No se trata sólo de un gesto de piedad filial por parte de Jesús, sino sobre todo de un episodio de revelación decisiva. María llega a ser portadora de una maternidad misteriosa. También aquí ella es llamada *mujer,* otra vez, para subrayar el inicio en ella de una nueva generación, la de la Iglesia, que brota del costado abierto de Cristo, del que manaron la sangre y el agua, símbolos de los sacramentos de la Iglesia.

En la nueva economía sacramental, inaugurada por la Iglesia, sacramento de la presencia salvífica de Cristo en la historia, María permanece siendo la madre. Si primero era sólo la madre del Hijo, ahora es también la madre de la Iglesia. Si primero su maternidad era física, ahora es también espiritual. En el Calvario la madre de Jesús llega a ser la madre de los discípulos.

La maternidad física parece casi abolida, no sólo en palabras, sino en forma tremendamente realista: con la muerte física del Hijo. Comienza una maternidad espiritual: María llega a ser la madre del discípulo. Si primero había sido Jesús quien nace de la Virgen, ahora es la Virgen quien recibe un nuevo nacimiento de su Hijo crucificado. No la llama ya *madre* sino *mujer* porque está tomada del hombre (cf. Gén 2,23). Es difícil imaginar un cambio más radical de relaciones entre María y su Hijo divino.

En el lugar de Jerusalén, *hija de Sión*, madre de los dispersos reunidos por Dios en sus muros y en su templo, entra María, madre de los hijos dispersos reunidos por Jesús en el templo de la nueva alianza, que es su cuerpo y su sangre derramada por todos para remisión de los pecados. En la economía de la nueva alianza, María llega a ser la personificación de la nueva Jerusalén, la Iglesia animada sacramentalmente por el Cristo eucarístico.

María tiene, pues, una presencia y un papel decisivo tanto en la Encarnación como en la economía sacramentaria de la Iglesia: en las dos, ella ha dicho su *fiat* en la fe, en la esperanza y en la caridad. En ambas ella es cabeza-estirpe de una nueva generación querida por Dios: en la primera, la generación del Hijo de Dios hecho carne; en la segunda, la generación de la comunidad eclesial que brota del costado de Cristo, y que se nutre de su cuerpo y de su sangre.

La Iglesia, sacramento salvífico, además de ser esencialmente eucarística, tiene también una connotación existencial mariana.

3. «María guía a la Eucaristía»

La Iglesia, por eso, no celebra nunca la Eucaristía sin invocar la intercesión de la Madre del Señor. En cada Misa, María ofrece como miembro eminente de la Iglesia no sólo su consentimiento pasado en la Encarnación y en la cruz, sino también sus méritos y la presente intercesión materna y gloriosa (cf. *Marialis cultus* 20).

La encíclica *Redemptoris Mater* de Juan Pablo II afirma que la maternidad espiritual de María «ha sido comprendida y vivida particularmente por el pueblo cristiano en el sagrado banquete —celebración litúrgica del misterio de la Redención—, en el cual Cristo, su verdadero cuerpo nacido de María Virgen, se hace presente» (RMa 44).

Y continúa así: «Con razón la piedad del pueblo cristiano ha visto siempre un profundo vínculo entre la devoción a la Santísima Virgen y el culto a la Eucaristía; es un hecho de relieve en la liturgia tanto occidental como oriental, en la tradición de las Familias religiosas, en la espiritualidad de los movimientos contemporáneos, incluso los juveniles, en la pastoral de los santuarios marianos. María guía a los fieles a la Eucaristía» (RMa 44).

Este oficio carismático de María, no sólo no aleja al cristiano de Jesús, sino que lo guía maternalmente a la comunión sacramental con él, como ofrenda de gracia para una vida cristiana de testimonio armónico y fuerte.

III. CONDICIÓN DE DESARROLLO DE LA VIDA

La comida de comunión ha sido instituida por Jesús como medio ordinario de desarrollo de su vida en los discípulos. No se trata de un lujo, aunque el don de su cuerpo y de su sangre sea un beneficio de extrema generosidad. Se trata de una condición de desarrollo de la vida de la gracia.

Ya antes del milagro de la multiplicación de los panes, que debía ser anuncio de la Eucaristía, Jesús había expresado su preocupación esencial: «me da lástima de esta gente; llevan ya tres días conmigo y no tienen qué comer, y si los despido en ayunas para sus casas, se van a desmayar por el camino, y algunos de ellos han venido desde lejos» (Mc 8,2-3). El pan que Jesús dará a los que le escuchan es necesario para evitar las privaciones. El milagro responde a una evidente necesidad.

Después del milagro, Jesús formula claramente la necesidad de la comida eucarística para la vida espiritual: «Os aseguro que si no coméis la carne del Hijo del hombre y no bebéis su sangre, no tenéis vida en vosotros» (Jn 6,53). Es una declaración con un carácter solemne, una declaración en la cual Jesús compromete toda su autoridad doctrinal. Muestra hasta qué punto la Eucaristía es indispensable para la vida cristiana; es condición para la posesión de la vida verdadera. Comentando este paso, el teólogo bizantino Nicolás Cabasilas (siglo XIV) afirma: «A la mesa eucarística está ligada la promesa de hacernos habitar a nosotros en Cristo y a Cristo en nosotros: él permanece en mí, y yo en él. Pero cuando Cristo habita en nosotros, ¿qué nos falta todavía? ¿Qué bienes se nos pueden escapar? Y, habitando nosotros en Cristo, ¿qué más podremos desear? Para nosotros, él es huésped y casa: ¡dichosos de tal casa![...]. No acogemos en el alma un rayo o una luz, sino el mismo sol, para habitar en él, ser inhabitados por él y ser un solo espíritu con él [...]. ¿Cuál es la consecuencia? El más fuerte y el más excelente vence al más débil, el divino vence al humano y, como dice Pablo hablando de la resurrección, lo que es mortal es devorado por la vida; y aún más: ya no vivo yo, sino es Cristo quien vive en mí» (NICOLÁS CABASILAS, *La vida en Cristo,* 4,1,584b).

Esta unión íntima con Jesús en la Eucaristía, transforma completamente al cristiano: «Como el buen olivo injertado en el olivo borde lo cambia completamente en su propia naturaleza, de tal manera que el fruto no tiene ya la propiedad de la oliva salvaje; del mismo modo también la justicia de los hombres por sí misma no sirve para nada, pero, nada más que estamos unidos a Cristo y hemos recibido la comunión de su carne y de su sangre, puede producir inmediatamente los máximos bienes, como la remisión de los pecados y la herencia del reino, bienes que son fruto de la justicia de Cristo. En efecto, apenas hemos recibido en la sagrada mesa el cuerpo de Cristo, puesto que los elementos más fuertes prevalecen, también nuestra justicia, por efecto de la comunión, se transforma en justicia cristiforme» (NICOLÁS CABASILAS, *La vida en Cristo,* 4,2592cd).

Esta necesidad ha sido traducida en la práctica por la autoridad de la Iglesia. Según el IV concilio de Letrán (1215), todo cristiano, alcanzada la edad de la razón, debe recibir, al menos en Pascua, el sacramento de la Eucaristía, después de haber confesado todos sus pecados (DS 812). El concilio de Trento decide igualmente que «todos y cada uno de los fieles cristianos, de ambos sexos, cuando hayan alcanzado el uso de razón deben comulgar todos los años al menos por Pascua, según el mandamiento de nuestra santa madre Iglesia» (DS 1659).

El precepto vale sólo para quienes han alcanzado el uso de razón. El concilio de Trento «enseña que no existe obligación para los niños que no tienen uso de razón de recibir la comunión sacramental de la santa Eucaristía, en cuanto, regenerados por el baño (Tit 3,5) del bautismo e incorporados a Cristo, no pueden, a su edad, perder la gracia de los hijos de Dios que han recibido» (DS 1730, 1734).

La edad de la razón, tanto para la confesión como para la comunión, es aquella en la que el niño comienza a razonar, es decir, hacia los siete años (DS 3530).

Es importante, de modo particular, recordar la recomendación dada por el papa Pío X para la comunión frecuente y cotidiana. El Papa reaccionó contra una mentalidad que tendía a disminuir la frecuencia de la comunión en nombre de un respeto que tenía a los fieles distanciados de Jesús eucarístico por un sentimiento de indignidad. La conciencia de ser pecadores debe llevarnos al sacramento de la penitencia, pero, después de haber obtenido el perdón, el cristiano no tiene motivo para limitar su acercamiento a la comunión.

«El deseo de Jesucristo y de la Iglesia, de que todos los fieles cristianos accedan cada día al convite sagrado, consiste principalmente en que los fieles, unidos a Dios por medio del sacramento, encuentren en él la fuerza para dominar las pasiones, la purificación de las culpas leves que cometamos cada día, y la preservación de los pecados más graves, a los que está expuesta la fragilidad humana; no es sobre todo para procurar el honor y la veneración del Señor, ni para tener una recompensa o un premio por las propias virtudes. Por esto, el sagrado concilio de Trento llama a la Eucaristía "antídoto" gracias al cual nos libramos de las culpas cotidianas y nos preservamos de los pecados mortales» (DS 3375).

Y así se decide que «la comunión frecuente y cotidiana [...] debe ser accesible a todos los fieles cristianos de cualquier orden o condición, de forma que ninguno, que esté en estado de gracia y se acerque a la sagrada mesa con intención recta y piadosa, sea impedido» (DS 3379).

En realidad, la comunión cotidiana existía ya en la Iglesia primitiva, porque según el testimonio de los Hechos de los Apóstoles (2,46), cada día, en las casas, se realizaba la fracción del pan, alimento tomado con gran gozo y sencillez de corazón que son las notas características de la comida eucarística. Los primeros cristianos habían interpretado como frecuencia cotidiana la recomendación de Jesús sobre la necesidad de comer la carne del Hijo del hombre y de beber su sangre.

Este recurso cotidiano a la Comunión queda como un ideal que no se debe perder nunca de vista, aunque concretamente, para la gran mayoría de los cristianos, las circunstancias y condiciones de vida les impidan el poder realizarlo.

Más accesible, en cambio, es la Comunión dominical. El precepto que obliga a los fieles a participar en la Misa dominical comporta una invitación a acercarse a la mesa eucarística. La participación en la celebración eucarística no puede ser completa si no se concluye con la Comunión. Para cumplir el precepto basta la sola asistencia a la Misa, pero la Eucaristía alcanza plenamente su finalidad en la mesa eucarística.

IV. LA COMUNIÓN, FUENTE DE ENERGÍA SUPERIOR

Las comidas procuran a las personas las fuerzas que necesitan para vivir y actuar. Jesús, instituyendo la comida eucarística, ha querido poner a disposición de los creyentes las fuerzas necesarias para el desarrollo de la entera vida cristiana.

Muchos tienen experiencia de la propia debilidad, sobre todo en el campo moral. Los que hacen propósitos serios se sienten humillados cuando no pueden mantenerlos. La voluntad humana, aunque firme y decidida, puede advertir la propia fragilidad en medio de las dificultades. Las narraciones evangélicas nos han puesto delante de los ojos el ejemplo de Pedro y de los otros apóstoles, que habían prometido fidelidad al Maestro con una seguridad que parecía inquebrantable y, en cambio, en el momento de la detención huyeron todos. Sus buenos propósitos se desvanecieron, precisamente en el momento en que deberían haberse manifestado.

El único remedio para esta fragilidad es el auxilio divino. La persona tiene necesidad de una energía superior, que la permita superar sus debilidades. Jesús ha querido comunicarnos esta energía de forma habitual a través de la Eucaristía. Y no la comunica sólo con una ayuda externa, ni con un simple impulso que mueva la voluntad, sino con una transformación de toda la persona.

En realidad, con la Eucaristía nos alimentamos de forma que su misma energía traspasa la persona que se siente frágil. A diferencia de los alimentos corporales, que asimilamos y que vienen a ser para nosotros suplemento de vida, el alimento eucarístico nos asimila y nos transforma para introducirnos en una vida superior. Lo dice san Agustín al Salvador: «No eres tú quien me cambiarás en ti, como alimento de tu carne, sino que tú serás cambiado en mí» (*Confesiones* I,7,10). En la comida eucarística, Cristo penetra en nosotros con su fuerza asimiladora. Es él quien transforma a quienes se nutren con su cuerpo. Les comunica su energía divina.

La Eucaristía responde así a toda situación de debilidad. A quienes podrían lamentarse de estar desarmados frente a las tentaciones, la comida eucarística ofrece la garantía de una fuerza que fue la de Jesús mismo en el momento de afrontar las tentaciones de su vida terrena. A quienes se sienten desprovistos frente a los deberes que han de desempeñar, este mismo alimento de comunión da el valor de comprometerse con ardor. A quienes reciben una misión y podrían temer los obstáculos que se yerguen ante ellos, la Eucaristía les procura la seguridad de una perseverancia inquebrantable para la realización del encargo recibido.

Según la recomendación de Pío X, que hemos citado, la Comunión eucarística no se debe ver como una recompensa para los puros y perfectos, sino como una fuerza para los débiles y pequeños. Cuanto más débil se descubre el creyente, más se debe sentir llamado a buscar la fuerza espiritual en la Eucaristía. La conciencia de haber cometido pecados no debe alejarnos nunca a ninguno de acercarnos a la Eucaristía, una vez pedido el perdón de las propias culpas. Al contrario, la convicción de la fragilidad personal es un motivo, especial del todo, para poner nuestra esperanza en la fuerza que Cristo eucarístico ha querido comunicar a los creyentes. En la Eucaristía se revela el gran principio que inspira la entera obra de la salvación, es decir, la bondad misericordiosa que se inclina sobre los más débiles para levantarlos. La fuerza propia de la comida está destinada, de modo especial, para los que reconocen su fragilidad.

V. LA COMIDA EUCARÍSTICA, FUENTE DE CARIDAD

La señal por la que, según la intención de Cristo, la Eucaristía es fuente de caridad, nos es dada por el hecho de que el momento elegido para la formulación del nuevo precepto del amor es la Última Cena. Jesús ha pronunciado el mandamiento del amor mutuo con ocasión de la institución de una comida que daría también la posibilidad de observarlo. Con la Eucaristía haría capaces a sus discípulos de amarse los unos a los otros como él los había amado.

Entre las disposiciones interiores requeridas por la caridad está el perdón de las ofensas. Pero sobre este punto podría surgir una dificultad por el hecho de que una palabra evangélica parecería pedirlo antes de la participación en la Eucaristía. «Si, cuando vas a poner tu ofrenda sobre el altar, te acuerdas allí mismo de que tu hermano tiene quejas contra ti, deja allí tu ofrenda ante el altar y vete primero a reconciliarte con tu hermano, y entonces vuelve a presentar tu ofrenda» (Mt 5,23-24).

Estamos ante una advertencia impresionante sobre la actitud de caridad requerida por las ofrendas de culto; para presentar la ofrenda es necesario haber hecho el esfuerzo de reconciliación necesaria para tener relaciones cordiales. No podemos eximirnos de estos esfuerzos ni siquiera con la excusa de que la culpa del desacuerdo es del otro; de hecho, según la expresión de Jesús, no soy *yo quien tengo algo contra mi hermano*, sino *mi hermano quien tiene algo contra mí.* Aun en el caso en que el otro tuviera toda la culpa del desacuerdo, soy yo quien debe emprender un proceso de reconciliación. Sólo después puedo presentar la ofrenda.

Sin embargo, en las recomendaciones concretas, es necesario subrayar siempre el significado esencial de la lección. Aquí el significado es que una ofrenda no tiene valor a los ojos de Dios si es presentada por uno que no vive en armonía con todos, también con quienes le han hecho alguna ofensa. Si alguno presenta su ofrenda teniendo en el corazón esta voluntad de armonía, la ofrenda será agradable. Si participa en la Eucaristía, puede pedir a Cristo, en la comunión, la fuerza de amor necesaria para vivir sinceramente la reconciliación deseada. Uniendo su ofrenda a la del Salvador, puede esperarse de la Eucaristía la gracia de una voluntad total de perdón y de unión.

Podemos también añadir que Jesús mismo, durante la Última Cena, se limitó a aplacar la disputa surgida entre los apóstoles por el primer puesto en la mesa y que, después de haber dado ejemplo de servicio humilde con el lavatorio de los pies, contó con la Eucaristía para dar a los discípulos, en el porvenir, mejores disposiciones para vivir en buena armonía.

En cuanto comida sacrificial, la Eucaristía tiende a comunicar a los participantes el amor que inspiró el sacrificio, un amor que no ahorró nada por procurar a los otros la felicidad y alcanzó la cumbre del heroísmo. El cuerpo y la sangre de Jesús, que son dados en comida y bebida, contienen todo el ardor del sacrificio.

Por esto, la caridad favorecida y estimulada por la comida eucarística no ignora las renuncias que prescribe la misma enseñanza de Cristo. No ha dudado en pedir sacrificios: «Si uno te abofetea en la mejilla derecha, preséntale la otra; al que quiera ponerte pleito para quitarte la túnica, dale también la capa; a quien te requiera para caminar una milla, acompáñale dos» (Mt 5,39-41). La reacción espontánea que consistiría en rebelarse contra quien impone su voluntad o hace algún daño, debe sustituirse con otra reacción que dé espacio a la generosidad. Pero esto supone sufrimiento. En este caso, Cristo no habla de Eucaristía, sino que quiere contribuir a crear una actitud de caridad que se abre a toda eventualidad y cuenta con la fuerza espiritual que vendrá de la Eucaristía.

Si Jesús ha querido dar a los discípulos con la Eucaristía la fuerza de amarse los unos a los otros como él los había amado, les ha dado con el don de su cuerpo y de su sangre una fuerza de amar que no conoce límites y que se aplica a todas las condiciones humanas. Un himno lleno de entusiasmo hace comprender la excelencia única de la caridad, como ha hecho san Pablo, ya que la caridad «todo lo excusa, todo lo cree, todo lo espera, todo lo tolera» (1 Cor 13,7). Pero a Jesús no le hizo falta expresarlo en un himno, porque indicando el modelo con las palabras *como yo os he amado*, propone la propia vida como verdadero himno a la caridad, más allá de otras fuentes de actitudes de amor en la existencia humana. Todo en su persona es revelación de amor, y esta persona, dándose en la Eucaristía, alimenta de amor al corazón humano. Es impresionante el modo en el que Juan Crisóstomo advertía la íntima unión entre la celebración de la Eucaristía y el compromiso de la caridad con los más pobres. Según san Juan Crisóstomo, la participación en la mesa del Señor no permite incoherencias, de suerte «¡Que ningún Judas se acerque a la mesa!», exclama en una homilía. Y no es un criterio suficiente de dignidad el de presentarse a la mesa con vasos de oro: «No era de plata aquella mesa, ni de oro el cáliz del cual Cristo dio su sangre a sus discípulos... ¿Quieres honrar el cuerpo de Cristo? No permitas que él esté desnudo: y no lo honres aquí en la iglesia con telas de seda, para después tolerar, fuera de aquí, que él mismo muera de frío y de desnudez. El que ha dicho: "Esto es mi cuerpo", ha dicho también: "Me habéis visto con hambre y no me habéis dado de comer", y: "lo que no habéis hecho a uno de estos pequeños, no me lo habéis hecho a mí". Aprendamos, pues, a ser sabios, y a honrar a Cristo como él quiere, gastando las riquezas en los pobres. Dios no tiene necesidad de utensilios de oro, sino de almas de oro. ¿Qué ventajas hay si su mesa está llena de cálices de oro, cuando él mismo muere de hambre? Primero sacia al hambriento, y entonces con lo superfluo ornamentarás su mesa» (*Homilía sobre el Evangelio de Mateo,* 50,2-4, PG 58, c.508-509).

VI. LA COMIDA EUCARÍSTICA, FUENTE DE ALEGRÍA

La primera referencia a la *fracción del pan*, es decir, a la celebración eucarística en la Iglesia primitiva, indicaba como nota distintiva de la comida la alegría y la sencillez de corazón (Hch 2,46).

Más tarde, en la tradición, esta alegría que acompaña a la Eucaristía es recordada y subrayada con frecuencia. Santo Tomás de Aquino lo pone particularmente de relieve: «El alma se encuentra en alegría espiritual, en cierto sentido, se embriaga de la bondad divina» (*ST* III, 79, 1 y 2).

La comida, en general, produce euforia. Escogiendo una comida como signo sacramental del don de la propia carne y de la propia vida, Jesús quiso poner el acento de modo particular en la euforia espiritual que debía constituir el clima de la vida cristiana.

No por casualidad ha escogido Jesús el signo del vino, que ayuda a comprender cómo el don de su sangre en bebida está destinado a producir embriaguez espiritual. El cáliz eucarístico es un cáliz que embriaga.

El milagro de Caná, con la transformación del agua en vino, ofrece un primer anuncio, todavía muy discreto, de la Eucaristía. Hace sentir anticipadamente la abundancia de gozo que Jesús da a la humanidad, además de la naturaleza de esta alegría, que es la de un banquete nupcial. Encontramos de nuevo la imagen del banquete en la parábola en la que el reino se pone en parangón con un festín que un rey organiza para las bodas de su hijo (Mt 22,2). Durante la Última Cena, Jesús promete a sus discípulos: «Comeréis y beberéis a mi mesa en mi reino» (Lc 22,30).

El banquete eucarístico es la imagen del banquete celestial, el banquete que Jesús ha evocado anunciando que volvería como el señor a su retorno de las bodas y que hace sentar a la mesa a los sirvientes y se pone a servirlos (Lc 12,37). El banquete celestial tiene como centro a Cristo esposo, como demuestra la parábola en la cual las cinco vírgenes prudentes entran con él en la sala de bodas (Mt 25,1-13).

Un anticipo de este banquete se nos ha ofrecido en la Eucaristía. La comida eucarística es una comida que festeja la alianza, un banquete nupcial. Está ligado a un sacrificio, cuyo recuerdo podría ser doloroso y, en cambio, tiene la característica de cambiar la tristeza en alegría: «Vuestra tristeza se convertirá en alegría» (Jn 16,20).

Siendo el Cristo celestial en su estado de gloria el que ofrece su cuerpo y su sangre en la Eucaristía, lo hace para infundir su alegría dándose en alimento y bebida. El Hijo del hombre, que «subió a donde estaba antes» (Jn 6,62), no puede ser más que fuente de alegría celestial que busca derramarse sobre la tierra. La comida eucarística no cesa de alimentar el gozo y de provocar el cambio de la tristeza en alegría que caracterizó el cumplimiento del drama redentor.

Cada celebración eucarística constituye un gozo nuevo para la Iglesia y para la humanidad. A través del gozo se favorece el auténtico desarrollo de la obra evangelizadora que anuncia la buena nueva en un universo en el cual no faltan pruebas ni sufrimientos de todo género. No se trata de un gozo en el cual quienes lo prueban se cierran en sí mismos: por el contrario, se abren a los demás para compartir con ellos un gozo superior a todos los demás.

Un gozo, además, que revela el valor escatológico de la comida eucarística. Ésta anuncia la felicidad celestial. Testifica la intención última del Padre, que ha organizado todo su designio de salvación para procurar a la humanidad una felicidad más alta.

La Eucaristía es una comida que hace gustar a Dios, que hace apreciar el sabor y estimula el deseo de poseerlo. Ella contribuye a hacer comprender mejor que ningún otro gozo se puede comparar a éste que viene de lo alto; sólo quien es plenamente feliz puede hacer participar al corazón humano de esta plenitud de felicidad. La Eucaristía sólo puede dárnosla a probar, pero lo hace dando ya a Cristo mismo en una presencia invisible, accesible a la fe.

VII. LA COMIDA EUCARÍSTICA, EDIFICACIÓN DEL CUERPO DE CRISTO

San Pablo, que se sirve de la imagen del cuerpo para presentar la Iglesia como cuerpo de Cristo, había entendido bien la importancia de la Eucaristía en la formación de la vida de aquel cuerpo: «El pan es uno, y así nosotros, aunque somos muchos, formamos un solo cuerpo, porque comemos todos del mismo pan» (1 Cor 10,17).

La observación de que *El pan es uno* debe ser bien comprendida, como aparece en su contexto. Sola, podría sugerir que en la comida eucarística hay una simple consumición del mismo pan y que la unidad de este pan es el fundamento de la unidad de quienes toman parte en la comida. Pero un poco antes, Pablo ha demostrado que la unidad, en realidad, es la del cuerpo de Cristo dado en alimento: «El pan que partimos, ¿no nos une a todos en el cuerpo de Cristo?» (1 Cor 10,16). El cáliz es dado a todos; la comunión no es realizada, antes que nada, entre quienes lo beben, como unión de los unos con los otros, sino que es, esencialmente, comunión con la sangre de Cristo.

La sangre de Cristo es, pues, manantial de comunión, como el cuerpo de Cristo. Pablo, comentando la narración de la institución, habla de los que comen el pan o beben el cáliz del Señor, pero añadiendo que es necesario *discernir el cuerpo*, es decir, tener discernimiento de fe para tomar conciencia de que en realidad se está comiendo el cuerpo y la sangre de Cristo, para ser responsables hacia este cuerpo y esta sangre de las disposiciones de ánimo con las cuales consumir la comida, disposiciones que, eventualmente, pueden merecer una condena. Los que comulgan de modo indigno deben *responder del cuerpo y de la sangre del Señor.*

Esta participación indigna en la comida eucarística tiene un carácter de gravedad porque contradice la finalidad esencial de la comunión con el cuerpo y la sangre de Cristo. Ella impide la formación de un solo cuerpo entre los participantes. La comunión tiende, precisamente, a formar esta unidad; tiende a instaurar una unidad sólida en la comunidad cristiana.

La finalidad por la que ha sido instituida la Eucaristía es, precisamente, la formación y el desarrollo del único cuerpo llamado Cuerpo Místico de Cristo. Quien participa en la comida se compromete en la construcción de este Cuerpo Místico; está profundamente inserto en él.

El primer efecto de la comida eucarística es una unión más profunda con Cristo mismo. Es un efecto de comunión en su cuerpo, con su sangre y con su persona. Se produce inseparablemente otro efecto: el de una unión más profunda con toda la comunidad que vive la vida de Cristo, es decir, con su Cuerpo Místico, con toda la Iglesia y con cada uno de sus miembros.

Este efecto debe ser entendido en relación con la propiedad de la comida eucarística como manantial de caridad. La Eucaristía estimula el crecimiento del *Cuerpo todo entero*, Cuerpo que «se construye a sí mismo en la caridad» (Ef 4,16). Ésta consolida la unión de amor que existe entre todos los miembros del Cuerpo, a través de la fidelidad al mandamiento nuevo: «Amaos los unos a los otros como yo os he amado» (Jn 13,34; 15,12). La Eucaristía tiende a desarrollar todos los aspectos y todas las actitudes del amor recíproco, de tal forma que de la Cabeza, que es Cristo, «se procura el crecimiento del cuerpo, para construcción de sí mismo en el amor» (Ef 4,16).

CONCLUSIÓN

El Jubileo deberá tener un himno de alabanza a la Trinidad por el don del amor revelado en la Encarnación de Dios. Como conclusión de esta reflexión sobre el misterio de la Eucaristía se hace urgente la invitación para que la fe de los creyentes se haga fuerte por el don recibido. El objeto de la alabanza divina es el misterio mismo, que es cantado a través de la expresión que más aproxima la pobreza del lenguaje humano a la gloria del divino, hecho presente y vivo en el signo del pan y del vino consagrados:

Alaba, alma mía, a tu Salvador;
alaba a tu guía y pastor
con himnos y cánticos.

Pregona su gloria cuanto puedas,
porque él está sobre toda alabanza,
y jamás podrás alabarle lo bastante.

El tema especial de nuestros loores
es hoy el pan vivo
y que da vida.

El cual se dio en la mesa de la sagrada cena
al grupo de los doce apóstoles
sin género de duda.

Sea, pues, llena, sea sonora,
sea alegre, sea pura
la alabanza de nuestra alma.

Pues celebramos el solemne día
en que fue instituido
este divino banquete.

En esta mesa del nuevo rey,
la pascua nueva de la nueva ley
pone fin a la pascua antigua.

Lo viejo cede ante lo nuevo,
la sombra ante la realidad,
la luz ahuyenta la noche.

Lo que Jesucristo hizo en la cena,
mandó que se haga
en memoria suya.

Instruidos con sus santos mandatos,
consagramos el pan y el vino,
en sacrificio de salvación.

Es dogma que se da a los cristianos,
que el pan se convierte en carne,
y el vino en sangre.

Lo que no comprendes y no ves,
una fe viva lo atestigua,
fuera de todo el orden de la naturaleza.

Bajo diversas especies,
que son accidentes y no sustancia,
están ocultos los dones más preciados.

Su carne es alimento y su sangre bebida;
mas Cristo está todo entero
bajo cada especie.

Quien lo recibe no lo rompe,
no lo quebranta ni lo desmiembra;
recíbese todo entero.

Recíbelo uno, recíbenlo mil;
y aquél lo toma tanto como éstos,
pues no se consume al ser tomado.

Recíbenlo buenos y malos;
mas con suerte desigual
de vida o de muerte.

Es muerte para los malos,
y vida para los buenos;
mira cómo un mismo alimento
produce efectos tan diversos.

Cuando se divida el Sacramento,
no vaciles, sino recuerda
que Jesucristo tan entero
está en cada parte como antes en el todo.

No se parte la sustancia,
se rompe sólo la señal;
ni el ser ni el tamaño
se reducen de Cristo presente.

He aquí el pan de los ángeles,
hecho viático nuestro;
verdadero pan de los hijos,
no lo echemos a los perros.

Figuras lo representaron:
Isaac fue sacrificado;
el cordero pascual, inmolado;
el maná nutrió a nuestros padres.

Buen Pastor, pan verdadero,
¡oh Jesús!, ten piedad.
Apaciéntanos y protégenos;
haz que veamos los bienes
en la tierra de los vivientes.

Tú, que todo lo sabes y puedes,
que nos apacientas aquí siendo aún mortales,
haznos allí tus comensales,
coherederos y compañeros
de los santos ciudadanos.
Amén. (Aleluya).

ÍNDICE SISTEMÁTICO

Págs.

Págs.

SE TERMINÓ DE IMPRIMIR ESTE VOLUMEN DE «EUCARISTÍA, SACRAMENTO DE VIDA NUEVA», DE LA BIBLIOTECA DE AUTORES CRISTIANOS, EL DÍA 8 DE SEPTIEMBRE DE 1999, FIESTA DE LA NATIVIDAD DE LA SANTÍSIMA VIRGEN MARÍA, EN LOS TALLERES DE SOCIEDAD ANÓNIMA DE FOTOCOMPOSICIÓN, TALISIO, 9. MADRID

LAUS DEO VIRGINIQUE MATRI